文楽のすゝめ

竹本織太夫

豊竹咲甫太夫改メ
六代目竹本織太夫

文楽は大阪で生まれた伝統芸能。
一体の人形を三人で操り、
三味線の演奏とともに太夫《たゆう》が語る人形芝居です。
伝統芸能といえば、「敷居が高い」「難しい」
そういった印象を持つかもしれません。
大阪生まれの太夫だからこそ伝えられる
文楽のおもしろさがある。
六代目竹本織太夫を襲名するにあたり、
そんな思いでこの本を作りました。

写真／渡邉肇

江戸時代のトレンディドラマ

文楽のジャンルには大きく分けて
「時代物」と「世話物」の二種類があります。
本書で取り上げる「世話物」は
江戸時代に起きた事件をもとにした再現ドラマ。
若い男女の一途な恋愛模様や、
家庭を顧みないダメ男のゲス不倫など、
今の時代にも共通するような
ドラマチックな人間模様が描かれています。

写真／渡邉肇

文楽の聖地
大阪を楽しもう

お笑い、粉もん、ヒョウ柄のおばちゃん、
通天閣、USJ、グリコの看板……。
いわゆるベタな大阪観光もいいですが、
せっかく文楽を観に来たのなら、
いつもとは違う街歩きをしてみませんか？
世話物には庶民の暮らしや町の様子が描かれ、
そのほとんどは江戸時代の大坂が舞台。
あの名場面も意外と近くにあるのですから。

TAKO YAKI
Dotonbori down town is crowded with people from domestic and overseas in every moment.
Many large sign boards decorate Dotonbori downtown.
It looks like Theme park of Large sign boards.
6月22日はかにの日
道頓堀商店会
協賛金は街路灯維持管理と駐輪対策費用の他、警備費の一部に使用します
気いつけや!! しつこい客引き
道頓堀は客引き行為等禁止区域です。迷惑な客引き、勧誘行為に注意しましょう。
この広告スペースのお問い合わせは
06-6765-1872
かに道楽 本店
寿司
かに道楽 本店
写真／白石和弘

目次

江戸時代の大坂でこんな事件がありました。まず観てみよう、この10作

事実は小説よりも奇なり、といわれるが、文楽の世話物は実際の事件をもとに書き上げたものばかり。事件後すぐに上演されたため、当時の人々はワイドショーの再現ドラマを観るような感覚だったのかもしれません。まずは近松《ちかまつ》門《もん》左《ざ》衛門《えもん》の作品を中心に、大坂の街を騒がせた名作をご紹介します。

監修／高木秀樹　写真／渡邉肇

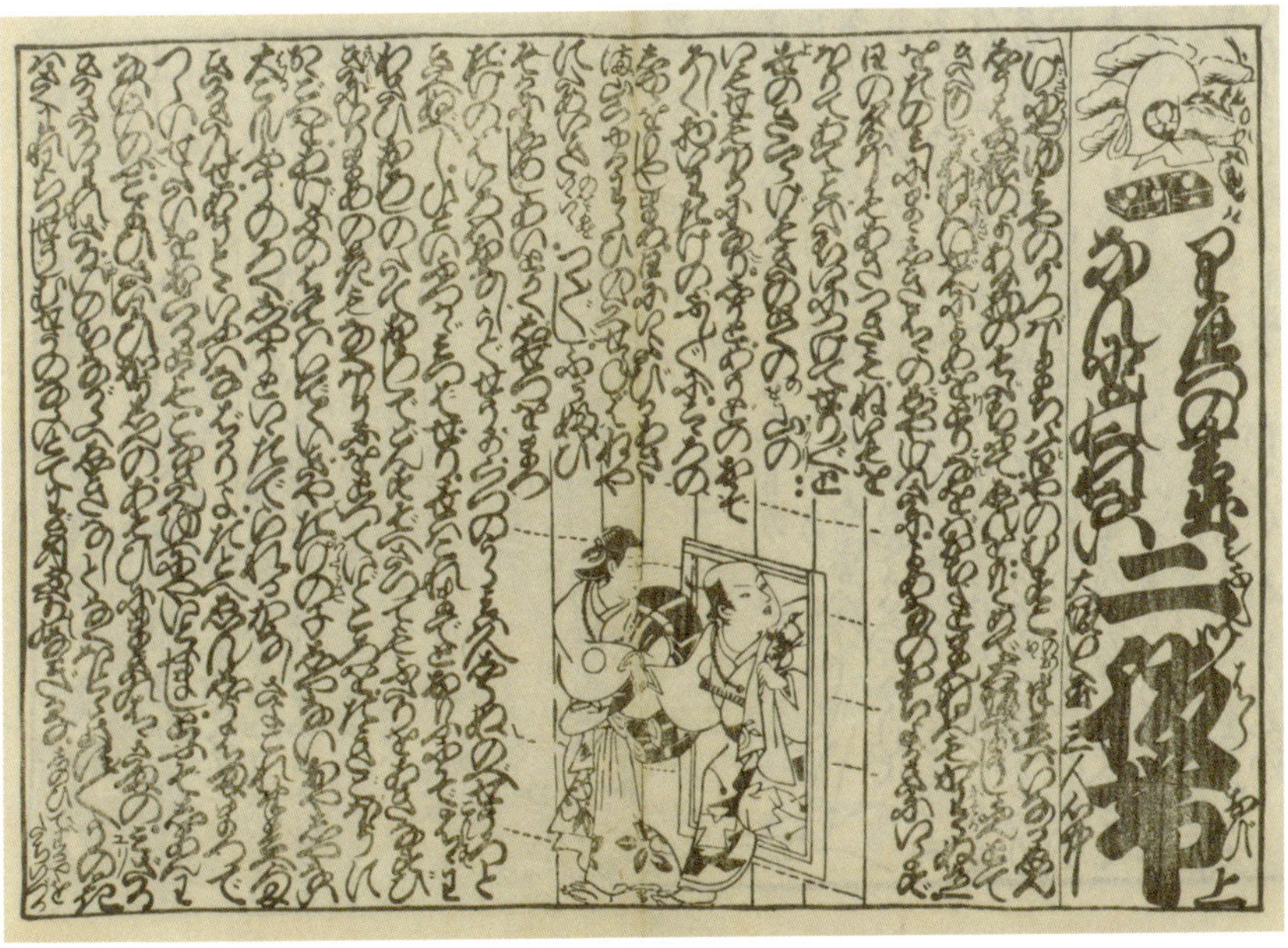

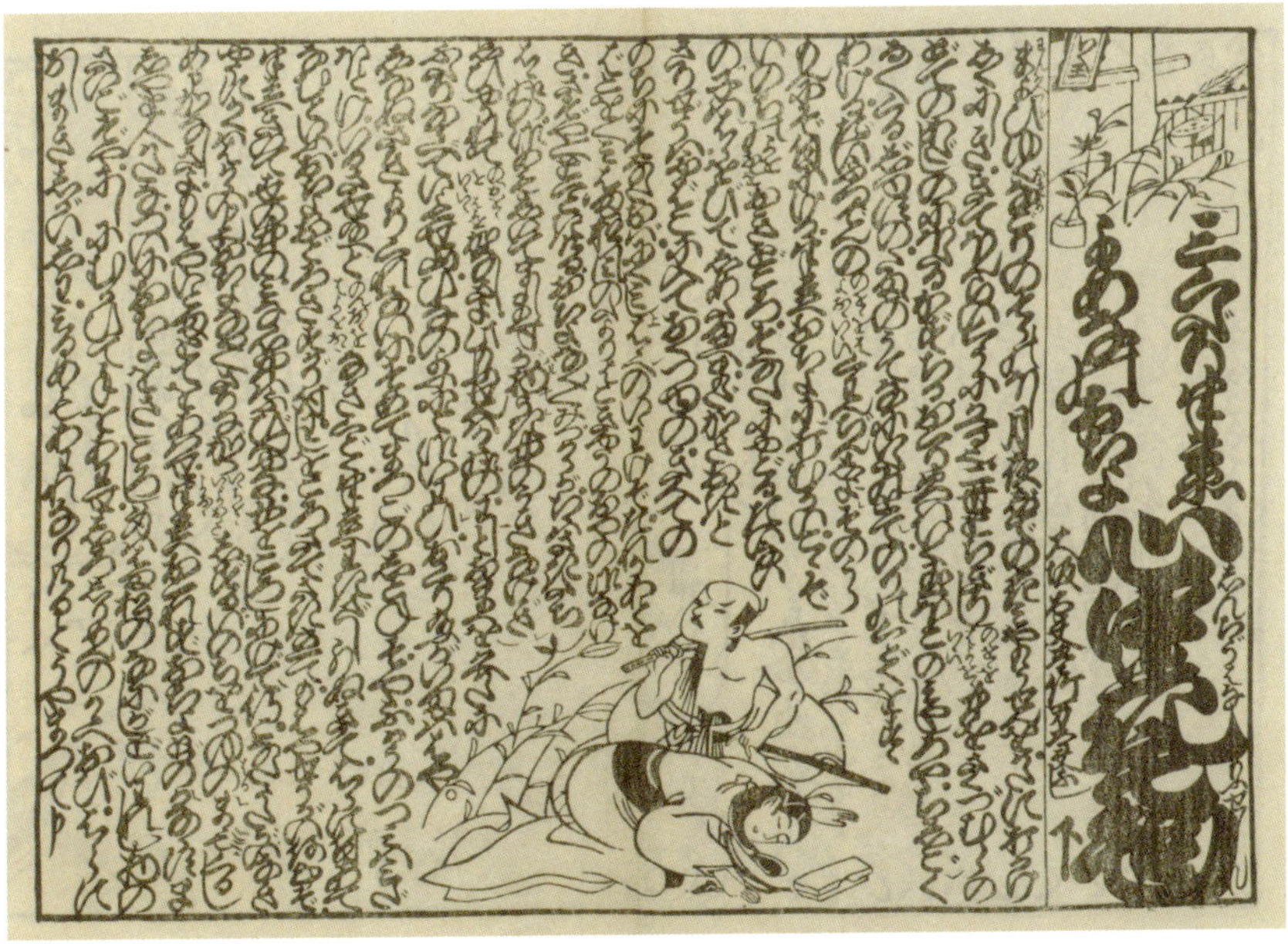

文楽は江戸時代のワイドショーでした

歌祭文《うたざいもん》とは、芸人が三味線を伴奏にして、心中や犯罪などのニュースを歌った大道芸。浄瑠璃や小説より早く事件を伝えた。上の刷り物は『享保より売はやり唄』に収録された、八百屋半兵衛と新妻の心中を伝える歌祭文。1722年に起きたこの事件を題材に名作『心中《しんじゅう》宵庚申《よいごうしん》』（P22）は書き上げられた。

曽根崎《そねざき》心中《しんじゅう》

若い男女の恋の〝手本〟になった

　武田鉄矢がダンプカーの前に飛び出して叫んだプロポーズの言葉は新語・流行語大賞になり、新垣結衣が踊る〝恋ダンス〟は宴会芸として重宝されるなど、社会現象を起こしたラブストリーは数々あるが、この作品に勝るものは無いかもしれない。

　1703年4月。醤油屋で働く徳兵衛《とくべえ》と天満屋《てんまや》の遊女お初《はつ》が、大坂の曽根崎にある天神《てんじん》の森で心中する事件が起きた。お初は19歳、徳兵衛は25歳。若い二人の早すぎる死は世間を騒がせることとなり、その事件を題材に、近松門左衛門はすぐさま浄瑠璃を完成させ竹本座で上演した。これが実際に起きた事件を扱った最初の世話物、『曽根崎心中』だった。

　物語は、お初が生玉《いくたま》神社で恋人の徳兵衛と再会するところから始まる。最近の疎遠をグチるお初に、徳兵衛は店の主人が勧める縁談を断るために金を調達していたと説明。しかし、どうしても金が要るという友人の油屋・九平次《くへいじ》にその金を貸し、期日になっても返済が無いと語る。そこへちょうど九平次が通りがかる。苛立った徳兵衛は返済を迫るが、九平次は借金などしていない、借用書も偽物だと罵り、大勢の男で徳兵衛を袋叩きに……。詐欺の濡れ衣を着せられた徳兵衛は面目を失ってしまう。

　その夜、生玉神社で別れたままの徳兵衛の身を案じるお初は、天満屋の門口に立つ徳兵衛を見つけ、ひそかに店の縁の下に導き入れる。そこへ酔った九平次がやって来て、またも徳兵衛の悪口を言いふらす。徳兵衛は怒りに震えるが、お初はそれを制し、「こうなったからには徳様は死なねばならない。死ぬ覚悟が聞きたい」と独り言めかして足先で覚悟を問う。縁の下の徳兵衛はお初の足首を自分の喉にあてる。これは足首を刃に見立てた自害の覚悟。

　やがて人々が寝静まると、二人はそっと店を抜け出し、最期の場所、天神の森へと急ぐ。

　現代の感覚からすれば、お金を騙し取られただけで何も死ななくても……と思うかもしれないが、商人の町・大坂で信用を失っては生きていけない。さらに当時は庶民の間でも自由恋愛が難しく、許嫁《いいなずけ》文化が当たり前。ましてや、相手は遊女。現世で結ばれないなら来世で一緒になろう。愛しい人と添い遂げるには心中を選ぶしかなかった。

　竹本座での興行は大成功を収めた。その興行収入は、旗上げ以来19年間の負債を帳消しにするほどだったという。そして、お初と徳兵衛の心中は、若者の間で究極の純粋愛として浸透していき、若い娘たちが二人に憧れて次々と心中。心中物の上演禁止令が出された後も社会現象は収まらず、心中したカップルには葬儀をさせない法律まで作られた。まさに国の政治を動かすほどの衝撃作だった。

文楽名作紹介 ― 心中天網島

旦那ファーストのスーパーウーマン

芸能人のゲス不倫報道が過熱し、世間では熟年夫婦の離婚が急増。これらの現実を目の当たりにすれば、心に決めた相手がいたとしても、結婚をためらってしまう人も少なくないかもしれない。

　とはいえ、不倫はなにも今に始まったことではない。江戸時代の大坂では日常茶飯事。『心中天網島』に登場する紙屋治兵《かみやじへ》衛《え》も、商売そっちのけで遊女に入れあげる、まさにゲスの極みだった。

　天満の紙問屋の主人である治兵衛は、妻子がありながら紀伊国屋の遊女・小春《こはる》と深い仲に。その関係はもう三年も続いており、二人は心中の約束までしていた。しかしある日、治兵衛は、小春が「本当は死にたくない」と別の客に話しているのを偶然耳にする。「みな嘘だったのか、根性の腐った女ギツネめ！」と治兵衛は激怒し、小春に別れを言い渡す。

　本来なら、これで改心して家で女房の機嫌を取りそうなもの。しかし、それどころか治兵衛は仕事もろくにせず、店のこたつに入って泣いている始末。その様子を見た妻のおさんは腹を立て、「まだ小春に未練があるのか」と叱りつける。ところが治兵衛は、小春のことは思い切ったが、小春が商売仲間の太兵衛《たへえ》に身請《みう》けされると聞き、男としての面目が立たないのだと嘆く。これを聞いておさんは驚く。実は、小春が「死にたくない」ともらしたのは、おさんが手紙で「夫と別れてほしい」と頼んだからだった。小春は治兵衛のためを思い、愛想を尽かしたふりをしたのだ。

　他の男からの身請けを望まない小春は、きっと自害するに違いないと直感するおさん。ここで助けなければ小春への義理が立たず、主人の体面も保てない。そう思ったおさんは、質に入れるための着物をタンスからかき集めて、身請けの金を用意しようとする。治兵衛が小春を無事に身請けすれば、自分は身を引いて、子どもの乳母か飯炊きになるか、隠居でもしましょうと言うのだった。

　おさんにとって小春は夫を奪った不倫相手。不幸を願ってもおかしくない、憎い存在のはず。にもかかわらず、義理を通すために小春を助け、ひいては妻である自分が身を引こうというのだから、おさんの芯の強さには頭が下がる。

　現代ならば、不倫するようなダメ男はさっさと捨てて、新しい道を切り開いていくのが自立したかっこいい女性像なのかもしれない。けれど、どんなに不条理な状況に置かれても、自分が一生の相手と選んだ男を最後の最後まで見捨てない。覚悟を持って女房としての務めを果たす。それもまたしなやかで美しい、女性の強さといえるのではないだろうか。

文楽名作紹介―心中天網島

心中天網島
しんじゅう
てんのあみじま

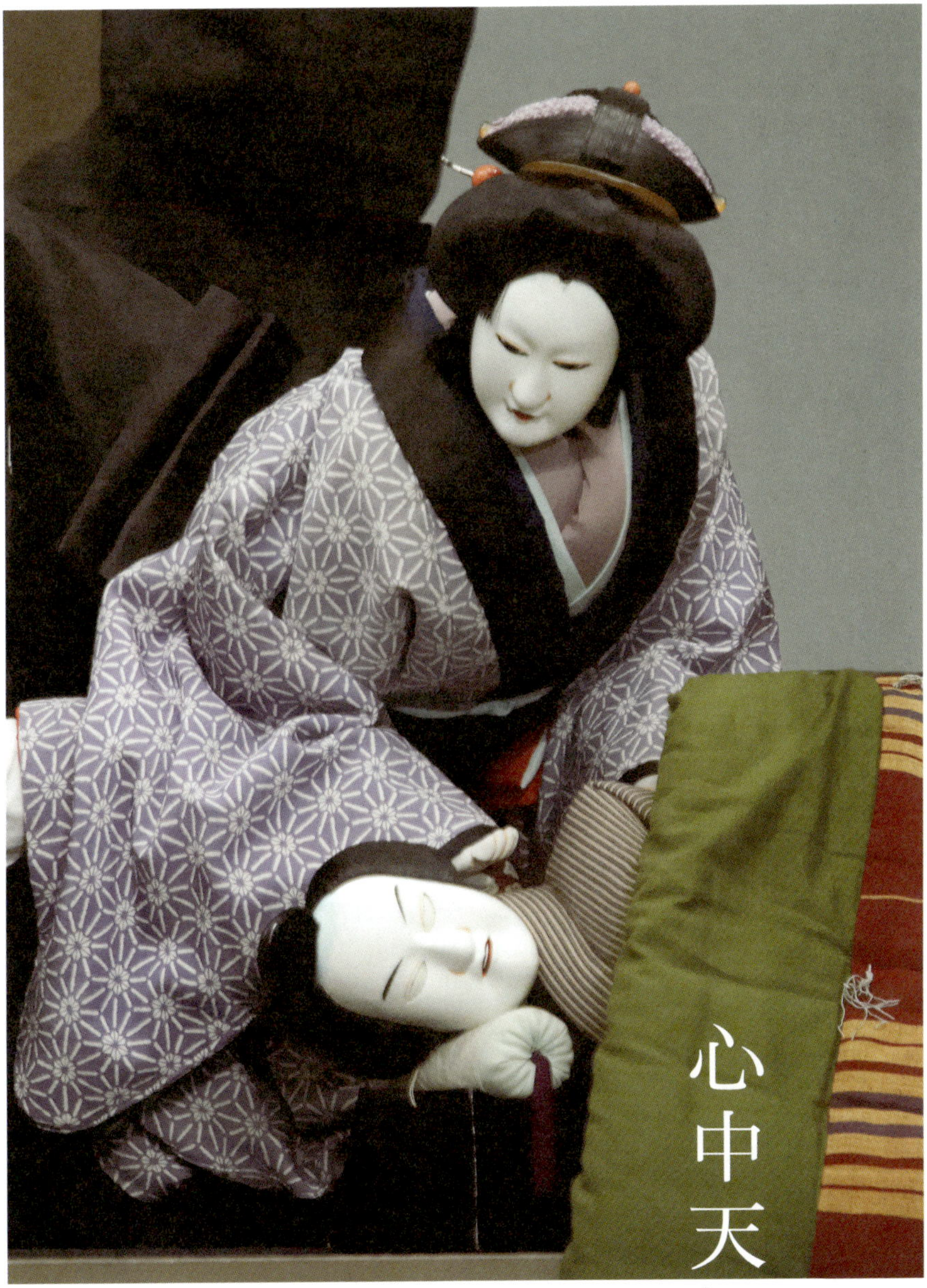

女殺油地獄

おんなころし あぶらのじごく

文楽名作紹介 女殺油地獄

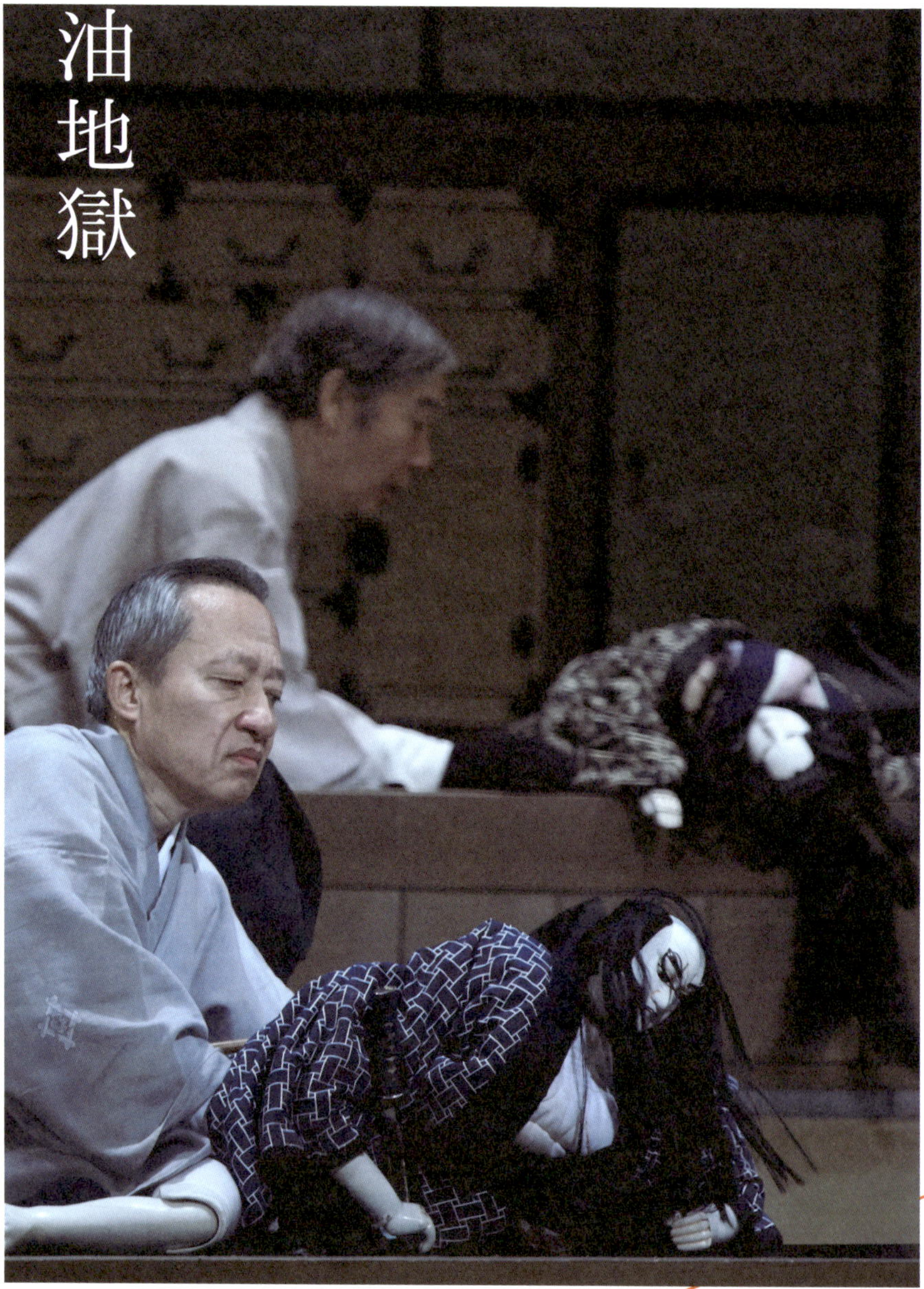

マイルドヤンキーによる衝動殺人

――『女殺油地獄』。おどろおどろしいタイトルの通り、その内容は残忍極まりなく、近松作品では異色の強盗殺人事件を取り扱っている。

油屋の河内屋《かわちや》与兵衛《よへえ》はろくに仕事もせず、毎日のように遊び歩き、遊ぶ金に困れば親に金を無心する道楽息子。物語で与兵衛は「まだ二十三の親がかり……」とあるが、昔の23歳といえば、現代の感覚では30代半ばといったところ。四十路近い男がふらふらと親のすねをかじって暮らしていると思えば、問題児であることは容易に想像がつくだろう。

与兵衛の父、徳兵衛《とくべえ》はすでに亡くなり、母は店の番頭と再婚。その番頭が二代目徳兵衛として店の主人をしている。元は番頭だった立場上、先代の子である与兵衛には気を使い、厳しくしつけることができなかった。そういった義父の遠慮が与兵衛をつけあがらせたのだ。

ある日、与兵衛は金欲しさのあまり、義父に暴力をふるい、ついには母親にめった打ちにされ勘当されてしまう。高利な借金の返済期日が迫り焦る与兵衛は、姉のように慕っている油屋の同業『豊島屋《てしまや》』の女房・お吉《きち》を頼り金を借りようとする。

両親は勘当したものの、与兵衛がお吉のところに行くと読み、あらかじめお吉に少額ながら金を渡していた。不出来な息子でも息子は息子。わが子がかわいかったのだ。お吉は、少しは親の心を察するようにと諭すが、与兵衛は聞く耳を持たずその親心に気づかない。お吉にも借金の申し込みを断られ逆上した与兵衛は、油を買うふりをしてお吉を刃物で刺し、金を奪って逃げ去る。まだ乳飲み子のいるお吉を無残にも殺害する、あまりにも身勝手な犯行だった。

この演目は、江戸時代に実際に起きた事件が題材になっている。母親の再婚相手とうまく関係を築けないことや、甘やかされて育った不良青年の犯罪、ヤミ金への借金など、現代にも通じる設定や描写がリアルだ。また、近松の描き方にも嘘がない。与兵衛の複雑な家庭環境、それゆえの甘えや孤独感に変な同情は見せず、悪を悪としてズバッと描ききっている。

何と言っても作品の見どころは、与兵衛がお吉を惨殺《ざんさつ》する場面。油の入った桶が倒れ、床一面に広がる油のなかで、逃げるお吉と追いかける与兵衛。まるで本物の油が流れているかのように二人は滑り、滑って……。凄惨《せいさん》な地獄絵図になる。もちろん文楽の人形は実際には宙に浮いていて、人形遣《にんぎょうつか》いの技術だけで、油で滑って思うように動けない様子を表現している。舞台の端から端へと何度も滑る与兵衛の演技は、人形だからこそできる圧倒的な迫力がある。他の文楽作品ではお目にかかれない舞台演出である。

大坂旦那の〝見栄〟から出た錆

　花街で見栄を張り、見返りを求めず粋に遊ぶのが、当時の男たちのステータスだった。しかし、遊女に入れあげ、泡沫《うたかた》の恋に身を滅ぼす人もいた。飛脚屋の亀《かめ》屋忠兵衛《やちゅうべえ》である。

　飛脚屋の養子だった忠兵衛は、仕事に慣れると次第に遊郭へ通うように。忠兵衛が通ったのは新町《しんまち》の遊郭。遊女の梅川《うめがわ》に惚れ、毎晩のように逢瀬を重ねていた。ところが、梅川に身請け話が浮上。それを防ぐには、忠兵衛が梅川を身請けするしかない。焦った忠兵衛は、親友の八右衛門《はちえもん》の店に届けるはずの五十両を身請けの手付け金に使ってしまう。

　言うまでもなく、金が届かないと八右衛門が店に怒鳴り込んでくる。信用第一の飛脚屋が客の金を使い込むことは公金横領罪であり、バレれば打ち首。正直に理由を話す忠兵衛に対し、友人思いの八右衛門は訴えず支払いを待ってやることに。

　さすがに忠兵衛も心を入れ替えて働こうと、いつものように客に届ける金を懐に入れて店を出る。しかし気づけば、梅川のいる新町へと足が向いてしまう。客の屋敷がある北へ金を置いてこようか、梅川のいる南へ行こうか。迷った挙句、理性を失い再び遊郭へ。すると八右衛門が梅川や店の者に、五十両の使い込みの件など忠兵衛の悪口を言っている。実はこれは、忠兵衛がもう遊郭で金を使わないで済むようにという、八右衛門なりの優しさだった。しかし忠兵衛には分からなかった。逆上した忠兵衛は、女たちの前で見栄を張り、懐の金包みの封印を切って梅川を請け出す。二人は手に手を取って逃げるのだが、悪事が露見するのに時間はかからず、お尋ね者になってしまう……。

　忠兵衛が客の屋敷へ金を届けようか、梅川のいる遊郭へ行こうか迷うシーンは、通称『羽織落とし』といわれる。運命の分かれ道で行きつ戻りつを繰り返す忠兵衛の足取りと、太夫《たゆう》の語り、三味線のリズムがバチッと合い、悲しい結末を予感させる名場面。「一度は思案、二度は不思案、三度飛脚。戻れば合はせて六道の冥途の飛脚」という表現は、大坂と江戸を月に三度往復する三度飛脚になぞらえた近松門左衛門の名文。往復すると六度。地獄の入口である六道に行くことをほのめかしている。

　金の切れ目が縁の切れ目とはよく言ったもの。不正な金を使い込んでいたと知った梅川に、愛想を尽かされても致し方ない忠兵衛。けれど梅川は「大坂の浜に立ってもこなさん一人は養ふて、男に憂き目はかけまいもの」と、最下級の街娼になってもあなたのために私は稼ぎますと語るのだった。どこまでもダメダメな忠兵衛に対して、思わずキュンとなる梅川のいじらしさ。リアリストになりきれない、近松門左衛門のロマンチストぶりが垣間見える。

冥途《めいど》の飛脚《ひきゃく》

ダチョウ倶楽部より泣ける「どうぞどうぞ」

双蝶々曲輪日記《ふたつちょうちょうくるわにっき》

人気力士の濡髪《ぬれがみ》長《のちょう》五郎《ごろう》は恩人の息子を助けるため人を殺し、追われる身に。捕まる前に生みの母に一目会おうと京都・八幡《やわた》の里を訪れる。最後の別れに来たが、心配をかけまいと事件のことは話さない長五郎。何も知らない母は喜んで家へ迎え入れる。そこへ母の継子である南与《なんよ》兵衛《へえ》が代官に任命されたと帰ってくる。ようやくの出世に与兵衛は張り切るが、最初の任務は長五郎の捕縛だった。

長五郎がお尋ね者だと知り驚く母、家の二階に潜む長五郎の存在に気づく与兵衛。母は長五郎を助けたい一心で、与兵衛に長五郎の手配書を売ってくれと頼む。その様子に与兵衛はすべてを察し、それとなく逃げ道を教えるのだった。

夜間が任務の与兵衛は出かけていく。長五郎は自ら捕えられようとするが、母は止め、手配書と違う姿にしようと長五郎の前髪を剃る。しかし、頬には目立つホクロ。すると外から長五郎めがけて金包みが投げつけられ、命中したホクロがつぶれる。様子を見ていた与兵衛が投げたのだ。姿を変えてその金で逃げろというメッセージだった。

情けを感じた長五郎は、義理が立たぬと母を説き、天窓の引窓から垂れる縄で自分を縛らせる。すると与兵衛はその縄を切る。引窓が開き、差し込む月の光。「もはや夜明け」。夜が明けたから任務は終わったと与兵衛は長五郎を逃がすのだった。

たとえわが子であろうと罪を犯した者は裁かれるべき。頭で理解しつつも助けたいのが親心。そんな母の気持ちを汲み、与兵衛は人の善悪は法で量れないと〝情〟を優先したのだ。それにしても、捕まえろ、逃げろ、という男同士の意地のぶつかり合いは、美しき「どうぞどうぞ」の応酬。涙なしでは見られない。

新版《しんぱん》歌祭文《うたざいもん》

一途な思いが交錯する 恋の三角関係

1710年、大坂の油屋で丁《でっ》稚《ち》の久松《ひさまつ》と主人の娘お染《そめ》が心中する。この事件は人形浄瑠璃や歌舞伎で度々上演され、作者によりさまざまなアレンジが加えられてきた。本作は「新版」と謳う、お染久松物の決定版だ。

大坂の郊外、野崎村《のざきむら》にある久《きゅう》作《さく》の家。娘のお光《みつ》が久松と祝《しゅう》言《げん》を挙げるため、うきうきと料理の支度をしている最中だ。そこへ大坂から久松が丁稚奉公していた油屋の娘・お染が現れる。大振袖に華やかな髪飾りがいかにも良家のお嬢様らしい。お光が用件を尋ねると「久松に会いたい」と答えるお染。久松とお染は身分を越えた恋仲だったのだ。激しく嫉妬したお光はお染をつっぱね邪険にする。

そんな女の争いをよそに、何も知らない久作と久松が帰宅。いらいらしているお光と久作が祝言の準備で奥へ入った間、お染が久松に駆け寄りすがりつく。なだめようとする久松だが、実はお染が自分の子を身ごもっていることを知る。身分違いのかなわない恋。こうなったうえは……と二人は心中を誓うのだった。

一部始終を聞いていた久作は何とか二人の心中を止めようとするが、そこへ現れたのはなんと髪を下ろしたお光。自分は尼になって身を引こうというのだ。幸せの絶頂からたった一時間ほどの出来事だった。

やがてお染の母が訪れ、娘と久松を大坂へ連れ帰る。お染は舟、久松は駕籠《かご》で、世間の目をはばかるため別々の帰りだ。店の令嬢と奉公人の結婚はよくあったが、それは優秀な番頭や手代が相手。丁稚の久松とは結ばれるはずもなく、のちに二人は心中を選ぶことになる。野崎村から帰る場面、三味線が美しく華やかなメロディーを奏でる。そのきらびやかな旋律が三角関係の悲劇をより引き立てる。

江戸時代のリアル嫁姑問題

心中宵庚申《しんじゅうよいごうしん》

心中物は、女房がいながら遊女との恋に溺れて……というパターンが多い。しかし本作は、仲むつまじい夫婦が心中する珍しい展開である。

半兵衛《はんべえ》は元武士だが、今は大坂の八百屋の養子。遠州《えんしゅう》（静岡）からの旅の帰路、女房のお千代《ちよ》の実家がある京都・上田村《うえだむら》に立ち寄る。半兵衛はそこで大坂にいるはずのお千代を見つけて驚く。理由を尋ねると、なんと自分の留守中に八百屋の姑《しゅうとめ》に追い出されたというのだ。

娘が不憫でならないお千代の父・平右衛門《へいえもん》はたまらず半兵衛を非難する。半兵衛は、離縁は知らないうちに起こったことだと説明し、お千代と添い遂げることを誓う。それを聞いた平右衛門は「灰になっても帰るな」と、二人を大坂へ送り出すのだった。

お千代が大坂に戻ったと知った姑は、半兵衛に「お前がお千代を追い出せ。さもないと自害する」と脅す。姑が嫁を追い出して離縁したと知れては、自分が世間に悪く思われるからだ。むちゃな命令だが、養子であり、義理堅い武士の性根《しょうね》を持つ半兵衛は逆らえない。かといって平右衛門に約束した手前、上田村にも帰れない。半兵衛はお千代に心中する覚悟だと打ち明け、帰宅した姑の前で離縁状を渡す。やがて姑のすきをついて家を抜け出し、お千代と来世の幸せを願い果てるのだった。

まるで昼ドラのような嫁いびりである。なぜお千代は嫌われていたのか。物語では「人には合縁奇縁《あいえんきえん》」で性格の不一致としている。現代でもよくある理由だ。姑と嫁の父親の間で板挟みになる半兵衛の立場もリアル。当時も身につまされる観客が多かったのではないだろうか。今も昔も無くならない嫁姑問題。江戸時代の物語といえど、他人事とは思えないはず。

夏祭浪花鑑《なつまつりなにわかがみ》

夏祭りの夜にあった覚悟の親殺し

堺の魚売り・団七九郎兵衛《だんしちくろべえ》は侠客《きょうかく》に憧れていた。侠客とは、弱気を助け強気を挫く町の相談役。当時は奉行所が必ずしも庶民の味方ではなく、侠客がトラブルを解決することが多かった。

団七は、恩人の息子である磯《いそ》之丞《のじょう》とその恋人・琴浦《ことうら》を守ろうとする。大鳥佐賀右衛門《おおとりさがえもん》という悪侍が琴浦に目をつけていたのだ。二人が佐賀右衛門一味に狙われ危ういところを、団七の仲間で老侠客の三婦《さぶ》が助けて家に匿《かくま》う。磯之丞は身の安全のため仲間のお辰《たつ》が備中《びっちゅう》（岡山）へ連れて行くことに。そこへ三河屋《みかわや》義平次《ぎへいじ》が現れる。義平次は団七の女房の父、つまり団七の舅《しゅうと》。団七の使いだと琴浦を連れ出す。

しかし実は、義平次は金のためならどんな悪事も働く男。佐賀右衛門に琴浦を渡して金にする魂胆だったのだ。気付いた団七は慌てて後を追い、義平次に大金を払うと言い、琴浦の乗った駕籠《かご》を何とか戻させる。しかし団七は金など持っていなかった。騙された義平次は逆上、団七を散々に打ちのめす。たまりかねた団七は脇差に手をかける。「親が斬れるか」と挑発する義平次。揉み合ううち、はずみで義平次の耳が切れてしまう。「人殺し」と大声をあげられ、団七はもはやこれまでと義平次を刺す。

正義とは何かを問いかける物語だ。侠客に憧れる団七は正義を貫こうとするが、相手は舅。こんな悪人は死んで当然と思う反面、目上を大事にするのが江戸時代の習い。「悪い人でも舅は親」と葛藤する。

クライマックスの舞台は、高《こう》津宮《づぐう》近くの田んぼ。奇しくもこの日は夏祭りの宵宮《よいみや》、賑やかなだんじり囃子が響くなか、泥まみれで舅殺しは繰り広げられる。団七の刺青と赤いフンドシが暗闇のなかで鮮やかに浮かび上がる光景は、凄惨《せいさん》ながら美しい。

アラフォー旦那のワンナイトラブ

桂川連理柵《かつらがわれんりのしがらみ》

主人公は長右衛門《ちょうえもん》とお半《はん》。二人の名前にちなんで「お半長」と親しまれ、幕末から明治期にかけて世間では有名な話だった。しかし、その内容は年の差を超えた泥沼不倫劇。長右衛門38歳、お半14歳の物語である。

長右衛門は京都の帯屋の主人。当時の帯屋は顧客の欲しい物を探したり、為替を扱ったりする御用商人に近い商売。長右衛門の帯屋は遠州（静岡）の大名屋敷に出入りしていたことから、それなりの格があったと推測できる。一方、お半は帯屋の隣にある信濃屋《しなのや》の娘。長右衛門にとっては姪《めい》のような存在か。

事件が起きたのは東海道と伊勢街道が合流する江州（滋賀）の石部《いしべ》宿。遠州から戻る長右衛門とお伊勢帰りのお半一行が偶然出会い同じ宿に。そこで長右衛門は不覚にもお半と男女の関係になってしまう。それを目撃したのが信濃屋の丁稚《でっち》・長吉《ちょうきち》。お半に片思いする長吉は、腹いせに二人の仲を言いふらすのだった。

石部宿での情事は周囲に漏れ、帯屋を乗っ取ろうとする継母や義弟がこれ幸いとばかりに長右衛門を追い出そうとたくらむ。長右衛門の妻が目撃者である長吉を丸め込み、なんとか事態は収束に向かうが、事件はこれで終わらない。なんとお半が身ごもっていたのだ。書き置きを残し一人で死のうとするお半。それを見た長右衛門はお半を追い、二人は桂川に身を投げる。

若い娘との不倫、男の嫉妬や嫌がらせ、ビジネスの跡目争い……。ワイドショーが食いつきそうな格好のネタが詰まった事件である。それが一人の男へ同時に押し寄せたのだから、自業自得とはいえ、絶望を感じたに違いない。たった一夜の過ちですべてを失ってしまった長右衛門。不倫の代償はあまりにも大きかった。

伊勢ツアーコンダクター逆切れ殺人事件

伊勢音頭恋寝刃

いせおんどこいのねたば

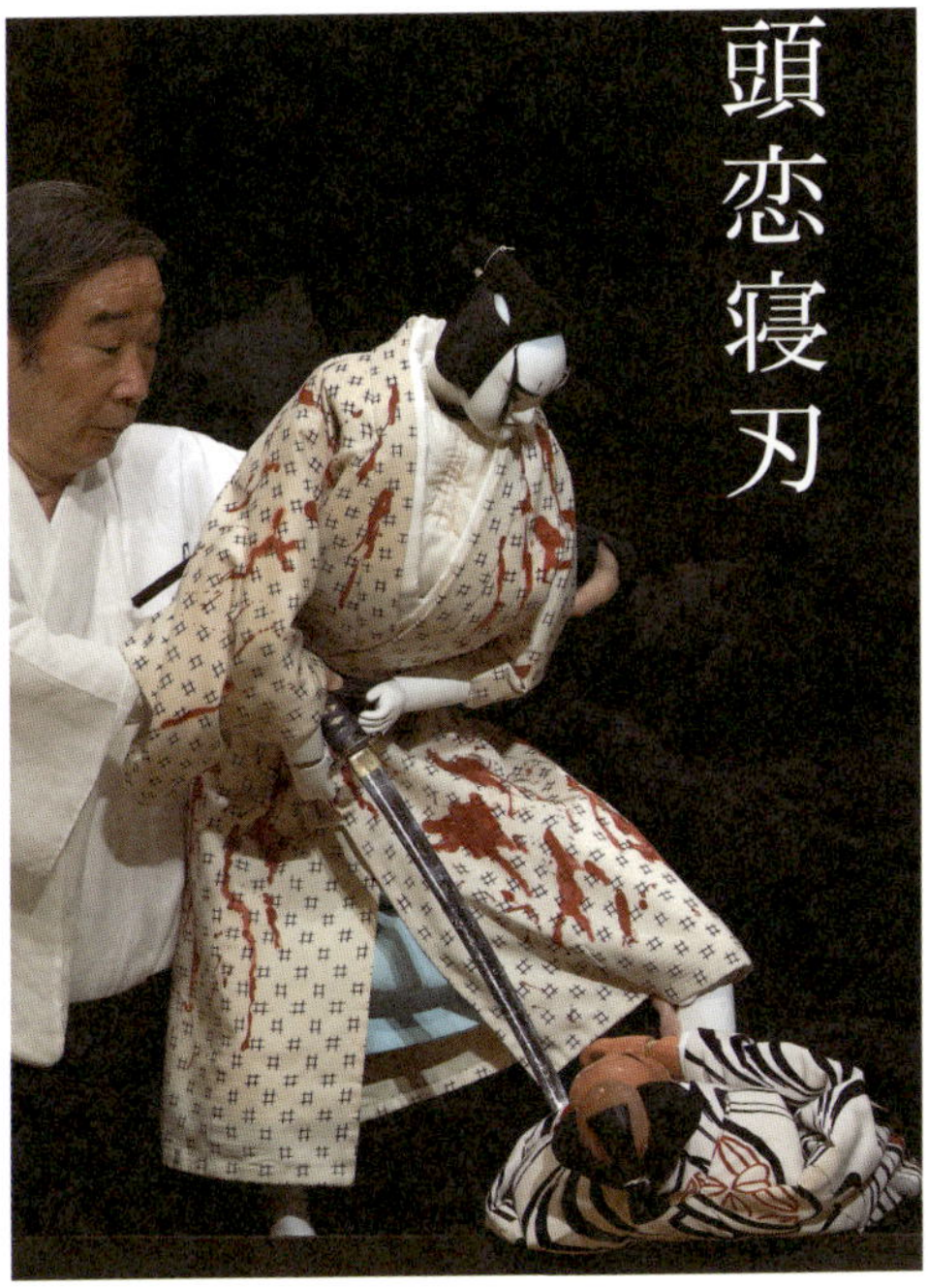

1796年、三重県伊勢市古《ふる》市《いち》の遊女屋『油屋《あぶらや》』で大量殺傷事件が起きた。江戸時代、お伊勢参りは庶民の一大ブーム。そんな観光地で起きた凄惨《せいさん》な事件は全国へ瞬く間に広まった。この事件を題材にした本作は、世話物史上最凶のサスペンスとして人気を博している。

事件を起こした福岡貢《ふくおかみつぎ》は、伊勢神宮に仕える御師《おし》だった。御師とは、当時の旅行代理店のような存在。庶民は伊勢へお参りしても神宮内の参拝が許されず、門前の宿などに設けられた仮の神前でお祓《はら》いをするのが一般的。御師が私設神主となり、参拝客の宿や遊郭の手配をしていた。

ある時、貢は名刀・青江下坂《あおえしもさか》とその折紙《おりかみ》（刀の鑑定書）を探す依頼を受ける。やがて刀は手に入れたものの、折紙が見つからない。岩次《いわじ》という男が隠し持っていることを突き止めた貢は、恋仲にあった遊女のお紺《こん》に岩次を探るよう頼む。お紺は貢のために遊郭で岩次と偽りの祝言を挙げ、折紙の略奪に成功する。

しかしそんなこととは知らない貢は、お紺の祝言を知り遊郭へ駆けつける。岩次を信用させるため、貢に愛想尽かしをするお紺。貢はお紺にフラれたうえ、岩次に味方する仲居の万野《まんの》にあらぬ罪を着せられ、罵詈《ばり》雑言を浴びせられる始末。

貢は肩を落として帰路に就くが、道中で刀がすり替えられたと錯覚してブチ切れ。再び遊郭へ戻り、言い争った弾みで万野を斬殺。正気を失った貢は、岩次を求め、返り血を浴びながら遊女や客をバッタバタと斬り倒していく。

この作品は文楽を代表する夏芝居。登場人物の衣装は浴衣や絣《かすり》の着物と涼やかで、内容は背筋がゾッとするような殺人シーンの連続。蒸し暑さも吹っ飛んだに違いない。

文字できく音楽

朝吹真理子

近松門左衛門をはじめて読んだのは、現代文の授業だった。『曽根崎心中』の道行のさわりを読んだとき、知らないのに知っている気がすると思った。言文一致の授業で、文語体の代表例のひとつとして、近松の道行文を読んだ。いかに二葉亭四迷《ふたばていしめい》たちが言文一致に苦心したかを教師が語るなか、私は、近代以前の近松のことばに耽溺してしまった。ことばをくちのなかで転がすと、心地よさが身体中をめぐっていった。帰り道、友達とソニプラに寄ろうかカラオケをしようかと山手線内でしゃべりながらも、頭のなかでは家に帰って『曽根崎心中』の道行を読みたいと思っていた。大河ドラマ程度の古典知識しかなかったから、『曽根崎心中』の道行を頭の中でつぶやくと、途中から謡曲の『敦盛《あつもり》』とごっちゃになってきてしまい、そわそわしながら香水のテスターを嗅いだりクレープを食べたりしていたのをおぼえている。家に帰って、赤くて重たい日本文学全集から、近松門左衛門の巻を引っ張り出して読んだ。話の内容は、ろくでもない男ばっかりがでてくると思って嫌気がさした。物語よりも、書かれたことばの音がとにかくきれいで、レコードをかけるように文字を目で追う。地文と会話文、異なることばが混交しているのも新鮮だった。筋の運びは、心地よい音楽のためにあって、物語が音に奉仕するために存在しているように思えた。

歌舞伎をみるようになってから、近松物に対しての心理的な距離は近くなっていたけれど、まとめて原文を読んだのは去年だった。英米文学者の都甲《とこう》幸治《こうじ》さん、小説家の町田康《まちだこう》さん、藤野可織《ふじのかおり》さんたちといっしょに日本の古典籍を読んで語り合う「研鑽会」という読書会をしていて、十返舎一九《じっぺんしゃいっく》、井原西鶴《いはらさいかく》、鶴屋南北《つるやなんぼく》、近松門左衛門を読むなかで、『曽根崎心中』『冥途の飛脚』を読んだ。

かつて感じた印象と大きく変わりがなかった。音とことば遊びのセンスが格好いいと思った。地口のイメージが数珠つなぎに結ばれて風景をつくる。「鐘の音。こん。金堂に講堂や」縁語を結びつけて韻を踏んで、ことばが踊る。HIPHOPみたいだと思う。近松の描く「金」のリアリティも、大人になってからの方が身にしみる。この世はすべて銭であるという現実があぶり出されている。「金」や「価値」に対してのリアリズムと、『冥途の飛脚』で忠兵衛が、重量すさまじいはずの三百両を袖に入れて持ち歩くことの非現実さとのない交ぜがおもしろかった。

かつて、伝統芸能を放送していた専門チャンネルに入会していたときに、みるとはなしにみはじめたのが文楽とのであいだった。文楽の、太夫・三味線・人形のシンプルな構成に年々惹かれている。意味のとれないまま、太夫さんの声をきいている時間が好きだ。数百年前からつづく声を、きいているような気がする。いま生きているひとたちの声帯を通して、これまで連綿と続いてきたたくさんの人や人でないものの声がいっしょくたになって、劇場に響いていると思うときがある。

近松門左衛門の作品は文楽でみるのがいちばん楽しい。もとから浄瑠璃のためにつくられたのだから当然なのかもしれないけれど、近松物の情けの世界を人間がやると、ときどき胃もたれがする。人間が演じることのえぐみが歌舞伎のおもしろさなのだけれど、それが苦しくなる。金や情をめぐる話の生々しさが人間より人形のほうが観客につたわってくる。文楽でいちばん恐ろしいと思ったのは、人が死ぬ場面だった。人が死ぬ場面を人が演じることはどうしても無理がある。人が死ぬシーンになると、いままでみてきたものが、ぜんぶ嘘だったと思ってしらける瞬間がある。でも、人形の死はほんとうの死だから、怖い。人形遣いの手から離れると、途端に死がおとずれる。事切れる、という表現は、文楽をみてはじめて腑に落ちることばになった。

あさぶき・まりこ
1984年、東京生まれ。作家。2009年、慶應義塾大学在学中に発表した小説『流跡』でデビュー。2010年に同作でドゥマゴ文学賞を最年少受賞。2011年『きことわ』で芥川賞を受賞。今回紹介する世話物のなかで一番好きな作品は『伊勢音頭恋寝刃』(P25)。「意地の悪い万野がとても好きです。貢が限界まで耐え抜くやりとりを見ると毎度興奮します」。

太夫・三味線・人形遣いが織り成す世界的に珍しい人形芝居です

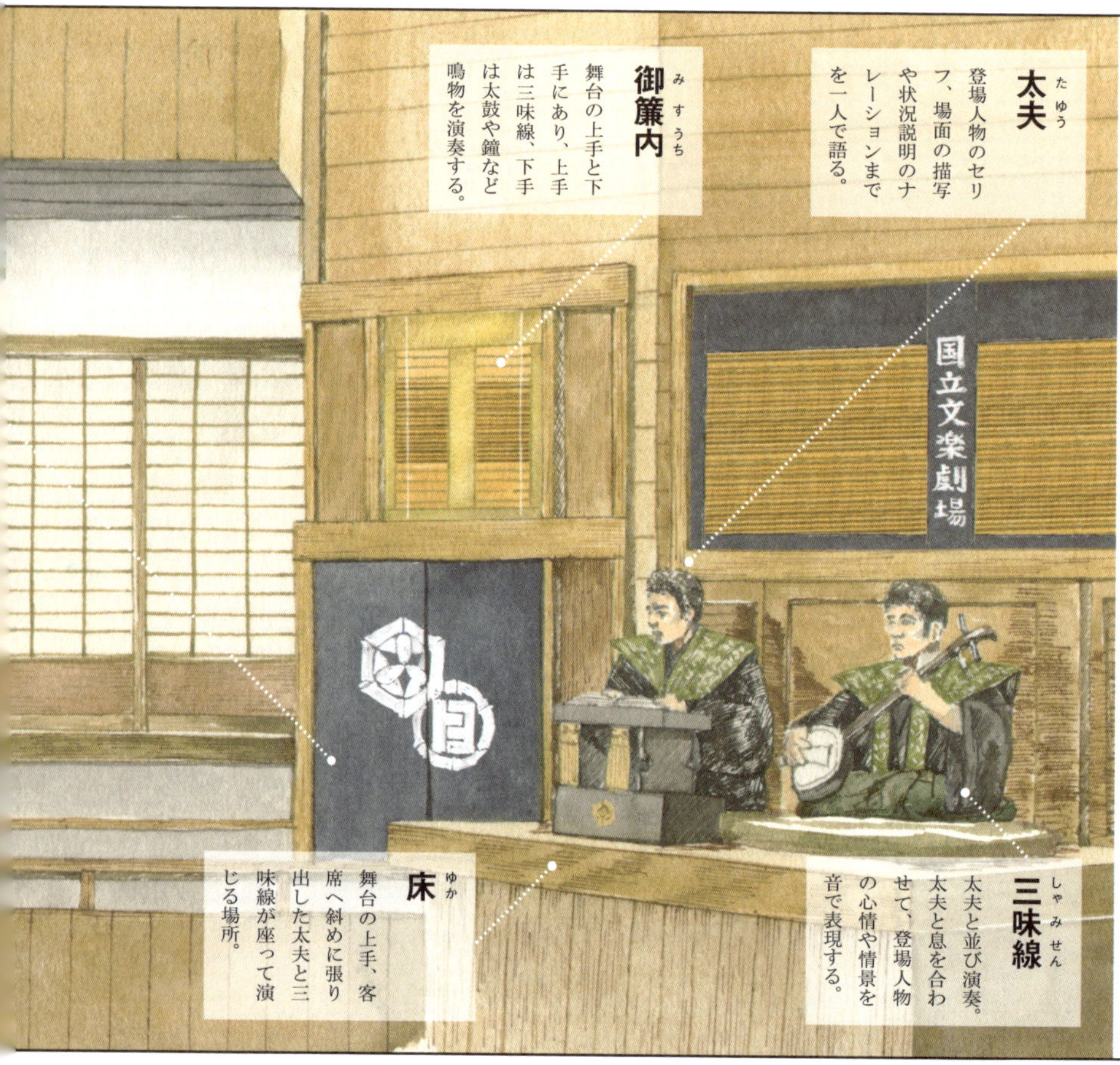
太夫《たゆう》
登場人物のセリフ、場面の描写や状況説明のナレーションまでを一人で語る。
御簾内《みすうち》
舞台の上手と下手にあり、上手は三味線、下手は太鼓や鐘など鳴物を演奏する。
国立文楽劇場
三味線《しゃみせん》
太夫と並び演奏。太夫と息を合わせて、登場人物の心情や情景を音で表現する。
床《ゆか》
舞台の上手、客席へ斜めに張り出した太夫と三味線が座って演じる場所。

太夫が語り、三味線弾きが奏で、人形遣いが人形を操る――。三つの技がせめぎ合いながら一つになるのが文楽の舞台。この世界に類を見ない特殊なスタイルについて、分かりやすく解説します。

協力／桐竹勘十郎　鶴澤清馗
イラスト／三宅瑠人

文楽は天ぷらうどんです

幕が開くと、客席の上手に張り出した床と呼ばれる場所に太夫と三味線弾きが登場。「東西〜」と黒子姿の人形遣いが口上を述べ、太夫が祈るように床本《ゆかほん》（台本）を掲げる。こうして文楽が始まる。足元が見えないように作られた舞台では、人形遣いが三人で一体の人形を操る。文楽は、太夫・三味線・人形遣いが一つになって作り上げる、三業一体《さんぎょういったい》の舞台だ。「例える

小幕《こまく》
舞台袖にある、人形の出入口。幕には竹本・豊竹両座の紋が染め抜かれている。
人形遣《にんぎょうつか》い
一体を三人で操る。首《かしら》と右手は主遣《おもづか》い、左手を左遣《ひだりづか》い、足を足遣《あしづか》いが担当。
一《いち》の手摺《てすり》
舞台と客席を仕切る板。一の手摺は舞台の縁を示し、ここから奥が舞台。
二《に》の手摺《てすり》
人形にとって地面にあたる仕切り板。この後ろの人形遣いが立つ場所が舟底《ふなぞこ》。

なら、天ぷらうどん」と竹本織太夫。主役のうどんは太夫で、うどんを支える味わい深い出汁が三味線。食欲をそそるよう、彩りを添える天ぷらが人形遣い。「三つがそろって最高に旨いうどんが完成します」。

舞台では太夫がすべての鍵を握る。情感たっぷりに語り、舞台をリードして物語を展開する。三味線は太夫の語りと表裏一体になって、情景や感情描写を音色で表現し、舞台の世界観を確立していく。その両方を聴きながら、人形遣いは三人の呼吸を合わせて人形に命を吹き込むのだ。それぞれの鍛錬された技術がぶつかり、高め合うことで、物語の世界をより深く、より美しく表現できる。文楽ならではの洗練された芸である。

太夫《たゆう》

文楽は義太夫節《ぎだゆうぶし》によって演じられる。義太夫節とは、物語の場面説明やナレーション、登場人物のセリフなどをすべて一人で語るスタイルのこと。この義太夫節を語るのが太夫である。平均1時間、長いものになると90分近く、舞台で声を発するのは太夫のみ。いつどこで、誰が誰に向かって話しているのか。ストーリーを展開し、正確に観客に伝えなければならない。義太夫節の正しいアクセントである大阪弁と、劇場の隅々まで生の声が届く発声が必要とされるため、太夫の着物の中の帯や上演中の姿勢には、腹から声を出せるよう工夫がある。上演中は、床本と呼ばれる台本を前にするが、ほとんどの内容を暗記して語っている。

物語に登場する役柄は、数人から演目によっては十数人に上ることも。町人や武士、遊女、嫁と姑、小さな子どもなど、バリエーションは多岐に渡る。性別や年齢、職業も違う人物たちを一人で演じ分けなければならない。しかし、それは「女性の声」「子どもの声」といった単純な声色の使い分けではない。人物のセリフは「詞《ことば》」と呼ばれ、この詞を感情豊かに語ることが何よりも重要だ。どんな背景や関係性があって、どんな気持ちからその詞が出ているのか。太夫に大切なのは美声を聴かせることではなく、役の性根をつかんで物語の世界観を深く理解し、人物たちの複雑な心情や喜怒哀楽を表現することなのだ。そのために太夫は、日々の稽古以外にも、師匠や先人の音源を聴いたり、床本や資料を何度も読みこんだりして、演目への理解を深める努力を怠らない。太夫の語りを通して、生き生きと物語の中の人物たちが浮かび上がる。まるで目の前に存在するかのようにリアリティーを持った人々の、やりきれなさや葛藤に触れ、観客は強く心打たれるのだ。

太夫は正座していません

腹帯《はらおび》

幅約10㎝の厚手の木綿帯。芯のある声を出すため、へその下にある丹田を腹帯でギュッと締めて、腹に力を込められるようにする。

尻引《しりひき》

尻の下に入れて、クラウチングスタートのように指先立ちで座る。膝と指先に力を入れ上半身を支えることで声がよく出る状態を作る。

オトシ

中身は小豆や砂など。着物の懐に入れ、腹式呼吸ができているかの目安にする。下腹にオトシが当たれば、腹から声が出せている証拠。

見台《けんだい》

床本をのせる台。黒や朱の漆塗りが一般的で、太夫の紋など美しい蒔絵が施されている。師匠らから代々譲り受けて使う。

床本は手書きです

床本とは、太夫が床で語るときに用いる台本のこと。独特の大きな浄瑠璃文字で、1ページに五行を原則に詞章《ししょう》が書かれている。文字のそばには「朱《しゅ》」と呼ばれる語り方を指示する赤い記号が書き入れられている。かつては床本を書く専門家もいたが、現在は太夫自身が覚えるためにも手書きするのが主流となっている。また、師匠から弟子へ、長年にわたり代々伝えられている床本もある。太夫の語りにも個性があるように、太夫によって床本の中身は違っている。

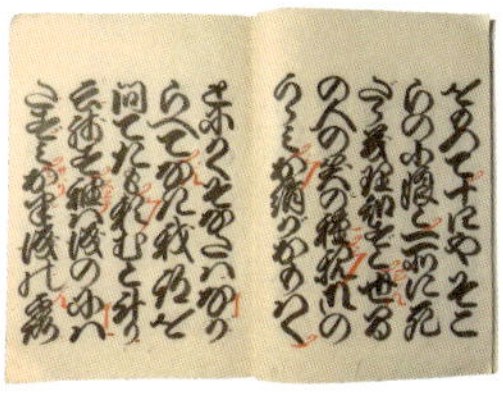

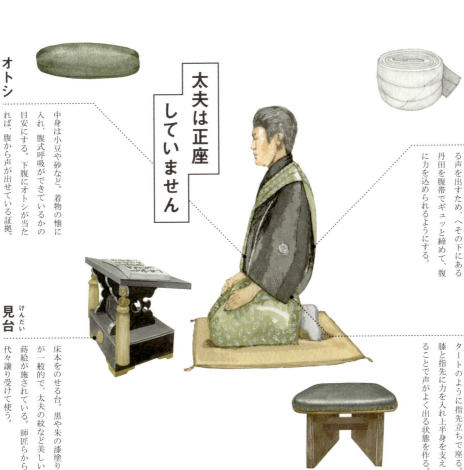

三味線《しゃみせん》

三味線は、床に太夫と並んで義太夫節を演奏する。文楽における三味線は、音楽の伴奏ではなく、太夫や舞台の進行を支える重要な役割を担っている。場面転換や情景の説明、人物の感情描写などを音色や間、撥《ばち》の緩急で表現しているのだ。

　文楽の舞台はまず三味線の音から始まる。その初めの一音で、観客はすっと物語の世界に導かれる。そこから三味線は常に太夫の呼吸や間合いを見ながら撥を入れていく。太夫の語る人物が変わる瞬間、人物の表情や感情の変化……。たとえ音階が同じだとしても、音の強弱や撥の使い方で、それらを巧みに表現することができるのだ。音を奏でていない状態の「間」にさえ意味があり、言葉では説明できない微妙なニュアンスや場の空気感が表されている。

　このように物語の表現に重点を置いているため、演奏途中に突然拍子が変わったり転調したりすることも多い三味線だが、ともに演じる太夫によって間の取り方もずいぶん変わる。言葉の裏にある背景や感情をどう捉えるかで、太夫の語りも三味線もまったく違うものになるからだ。音にすればたった一音。その一音に、これまで数々の名人たちが、言葉や音を何度も練って生み出した解釈が伝承されているのだ。

　文楽で使われる太棹《ふとざお》三味線は、民謡の伴奏などに使われる中棹《ちゅうざお》や長唄などの細棹《ほそざお》の三味線と比べて絃《いと》が太い。腹に響く重厚な低音が特徴で、音の余韻や広がりがある。音色も幅広く、西洋の楽器でいえば、テノール、バリトン、バスまでカバーする音域の広さ。撥は重さと厚みがあり、絃を叩きつけたり優しくはじいたりすることで、豪快さや優美さなどを弾き分けることができる。

三つに分解して持ち歩きます

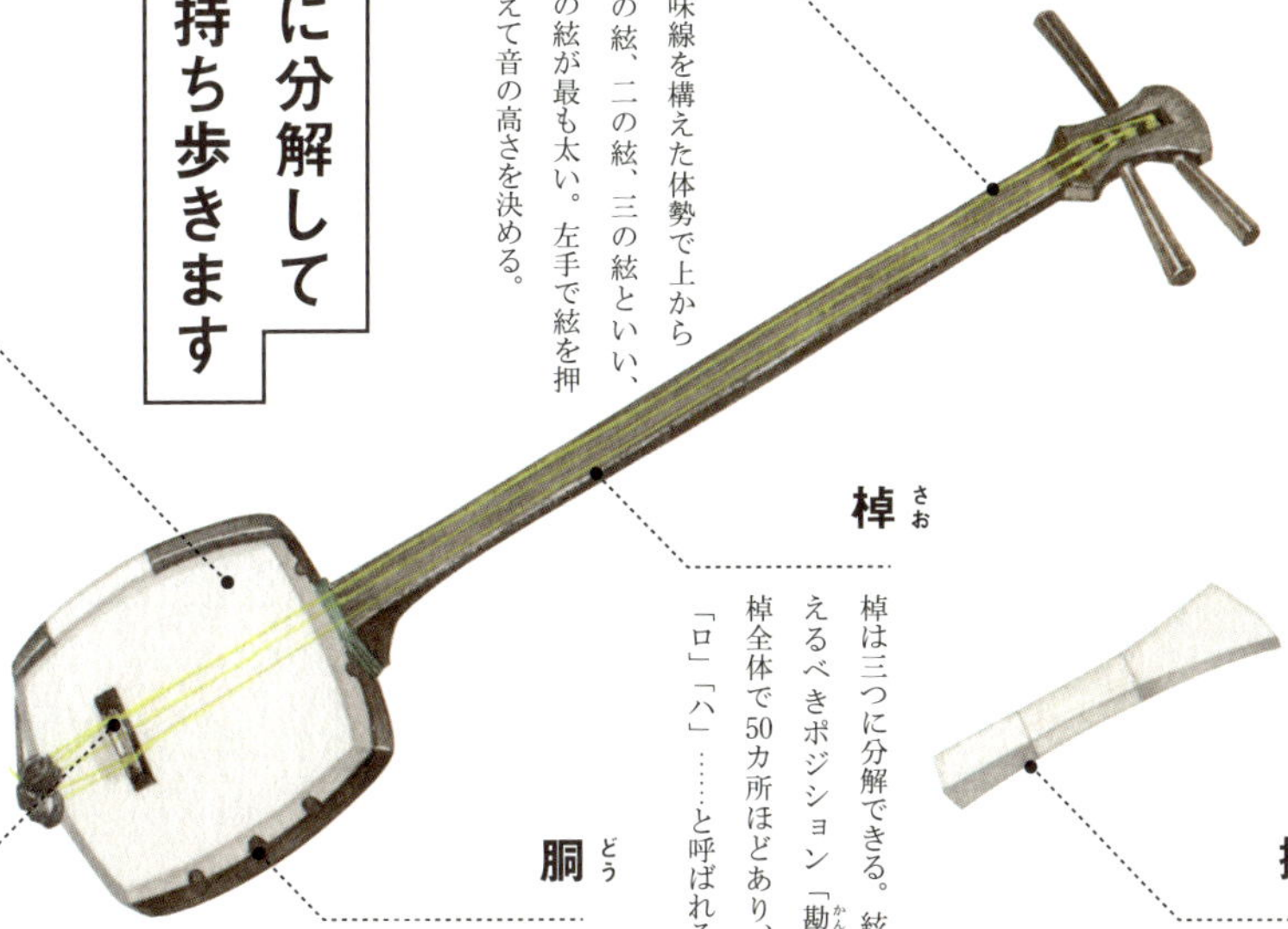

絃《いと》

三味線を構えた体勢で上から一の絃、二の絃、三の絃といい、一の絃が最も太い。左手で絃を押さえて音の高さを決める。

皮《かわ》

皮は胴の表と裏に張る。表は猫か犬、裏は犬の皮を使う。猫の皮は繊細な音色が出るが消耗は早い。犬の皮は厚くて丈夫。

撥《ばち》

細棹三味線で使われるものと比べて撥先の幅は小さく、5㎜程度の厚みがあってずっしり重い。象牙でできており、和紙を巻いて使う。

棹《さお》

棹は三つに分解できる。絃を押さえるべきポジション「勘所《かんどころ》」は棹全体で50カ所ほどあり、「イ」「ロ」「ハ」……と呼ばれる。

胴《どう》

太棹三味線は大きい胴が特徴でトチやカリンなど硬い木を使う。棹を胴に差し込む角度によって音量が変わる。

駒《こま》

水牛の角でできていて、中に鉛が入っている。絃が皮にかける圧を調節するためのもので、駒の重さにより音色が変わる。

楽譜は見ません

一般的に西洋音楽では、楽器の演奏者は楽譜を見て演奏する。しかし、文楽の三味線は、どんな長丁場の舞台のときにも楽譜を見ることはない。もともと、三味線は16世紀半ば頃、中国の三絃が日本に伝わって改良されたもの。当時は盲目の音楽家が弾く楽器だったために楽譜はなく、現在もそれが原点にあるからだ。稽古に使う譜面は、床本に三味線の絃を押さえる場所をイロハ文字で記したもの。三味線弾きが自分で書き、太夫の語りを含めすべて記憶して舞台に臨む。譜面そのままに演奏することよりも、隣で語る太夫との呼吸や間合いを読むことが何よりも大切だからである。

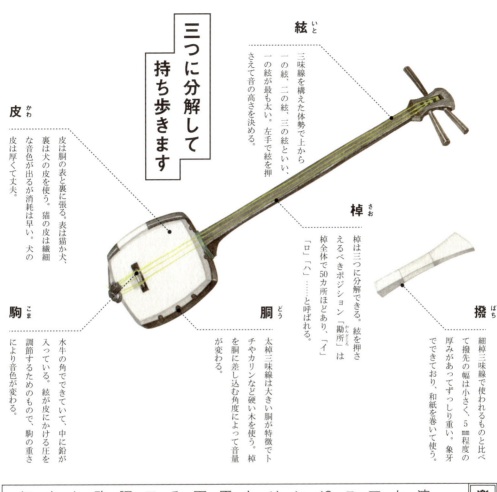

人形遣《にんぎょうつか》い

文楽の人形は一体を三人で操っている。人形の首《かしら》と右手を「主遣い」が、左手を「左遣い」、足を「足遣い」が担当する。一人で一体を操っていた時代もあったが、約280年前に現在のような三人遣いが考案されたといわれている。

リーダーとなるのは主遣いで、舞台上で左遣いや足遣いに指示を出して人形を操っている。観客にはわからないが、人形の動きの中に合図が含まれていたり、体の微妙な動きで指示を出したりしているのだ。三人の呼吸がピタッと合うほど、その合図は自然と少なくなり、人形がまるで生きているかのような動きを作ることができる。主導は主遣いだが、上演中、役割の重要度は三者の間で目まぐるしく変化している。人形が歩く、座る、立つ……。主遣いが人形の動きほとんどを担っているかと思えば、次の瞬間は左遣いがメインになる。場面や役によって動きの要が瞬時に入れ替わり、決して一定ではない。そこに三人で遣う醍醐《だいご》味《み》がある。

人形は重いもので約10kg。立役《たちやく》（男の役）と女方《おんながた》（女の役）に大きく分かれ、二枚目の若旦那や遊女など、舞台によりさまざまなキャラクターに使用される。スムーズな動きをするのはもちろん、人形がその役柄を演じ分ける必要がある。それが人形を「遣《つか》う」という最も難しい部分だ。人形を操作する技術者、そして芝居をする役者としての両面を三人ともが兼ね備えていなければならない。また、後ろに立つ人形遣い自身も含めて役になることを求められる。役に合わせて身のこなしを変え、自分たちの体ごと役作りをしているのだ。

一体を三人で操っています

足遣《あしづか》い

人形の足にある足金《あしがね》を両手で操り、歩く動作や、座っている様子を見せる。床をトントンと踏んで音を出す足拍子も担当。

左遣《ひだりづか》い

人形の左手にある差《さ》し金《がね》を使って操作する。手ぬぐいなどいろんな小道具の出し入れも担当。あたかも人形が取り出したように見せる。

主遣《おもづか》い

人形の背中から左手を入れ、中で胴串《どぐし》を操って首に表情をつけ、右手で人形の右手を操作する。背の高い下駄を履いている。

女方には足が無い？

舞台で遣う人形は公演のたびに作られ、作るのは主遣いの役目。自分が一番遣いやすい状態に作り上げるためだ。役に合う胴を選び、衣装を縫いつけて手や足を吊る。そこで際立った特徴が女方の足。着物の裾を引いている女方は、基本的に足が無い。足遣いは裾を持ってまるで足があるように見せているのだ。裾を上げている役は、小さい足を吊っている。『曽《そ》根崎心中《ねざきしんじゅう》』のお初は、途中から足を出す場面がある唯一の例外である。そして、女方のもう一つの特徴は口針《くちばり》があること。悲しみや切なさを表した手ぬぐいをくわえる仕草は、口元の針に手ぬぐいを引っかけている。

こんなキャラにはこんな首《かしら》

文楽に使われる人形の首は全部でおよそ40種類。役の性格や年齢に合わせて選ばれています。それぞれの首の特徴を知っていれば、一目で登場人物のキャラクターを想像できます。あらすじとは別の角度からも物語を楽しむことができるのです。

若い美男子の役には

源太《げんだ》

10代後半から20代の美男に使用。目が細く、面長でやさしい印象。目や眉を動かす仕掛けがある首も。『心中天網島《しんじゅうてんのあみじま》』の紙屋治兵衛《かみやじへえ》、『冥途《めいど》の飛脚《ひきゃく》』の亀屋忠兵衛《かめやちゅうべえ》、『心中宵庚申《しんじゅうよいごうしん》』の八百屋半兵衛《やおやはんべえ》など。

男の中の男といえば

文七《ぶんひち》

線が太く男性的な顔立ちで、最も貫禄のある首。『双蝶々曲輪日記《ふたつちょうちょうくるわにっき》』の濡髪長五郎《ぬれがみのちょうごろう》、『夏祭浪花鑑《なつまつりなにわかがみ》』の団七九郎兵衛《だんしちくろべえ》など、正義感が強く男気がありながら、憂いや悲しみを秘めている役に使われる。

かわいい未婚女性には

娘《むすめ》

10代の未婚の娘役を中心に、姫、遊女などで使われる。瓜実顔《うりざねがお》にぱっちりとした目、形の良い眉、小さな口が特徴。『曽根崎心中』のお初《はつ》は1955年の復活上演以来、この首が使われる。

あざといライバル役には

陀羅助《だらすけ》

眉をつり上げ、口をへの字に曲げた皮肉な人相の通り、嫌味なライバル役や身分の低い敵などの役どころに使われる。『曽根崎心中』の油屋九平次《あぶらやくへいじ》、『冥途の飛脚』の丹波屋八右衛門《たんばやはちえもん》が代表的。

憎たらしいイビリ役には

八汐《やしお》

敵役の老女方。つり上がった目、大きな口に憎たらしさが強調されている。目が寄り、口が動く仕掛け。時代物に使われることが多いが、例外的に『伊勢音頭恋寝刃《いせおんどこいのねたば》』の仲居・万野《まんの》に使われる。

頑固一徹の舅役には

舅《しゅうと》

時代物のスケールの大きい老人の首と区別して、「やさしい舅」といわれる。表情は冷たく頑固一徹に見えるが、心根は優しい役どころ。『心中宵庚申』のお千代《ちよ》の父、平右衛門《へいえもん》に使われている。

年老いたお婆さん役には

婆《ばば》

その名の通り、老女に使われる。世話物の母、身分の低い武士や浪人の女房にも。人のよい優しい役柄で、貧しい家の場合が多い。『双蝶々曲輪日記』の長五郎の母、『新版歌祭文《しんぱんうたざいもん》』のお光《みつ》の母。

分別のある中年役には

検非違使《けんびし》

文七ほど勇ましさは無いが知的な表情。分別ある中年男性など、裏表のない誠実な役に使われる。『桂川連理柵《かつらがわれんりのしがらみ》』の帯屋《おびや》長右衛門《ちょうえもん》、『双蝶々曲輪日記』の南方《なんぽう》十次兵衛《じゅうじべえ》が代表的。

たくましい女房役には

老女方《ふけおやま》

20～40代の既婚女性に使う。立役なら文七、検非違使などに相当する、性根の正しい役柄。眉を剃ってお歯黒をしており、口元はキリッと引き締まっている。『心中天網島』のおさんなどに使われる。

近松作品を読み解く４つのキーワード

近松門左衛門《ちかまつもんざえもん》は『曽根崎心中《そねざきしんじゅう》』を執筆し、世間で起きた身近な事件を題材にする「世話物」というジャンルを確立。その後も数々の名作を生み出し、人形浄瑠璃作者としての地位を築きました。なぜ、人々は近松作品に心を打たれたのか。４つのキーワードで紐解きます。

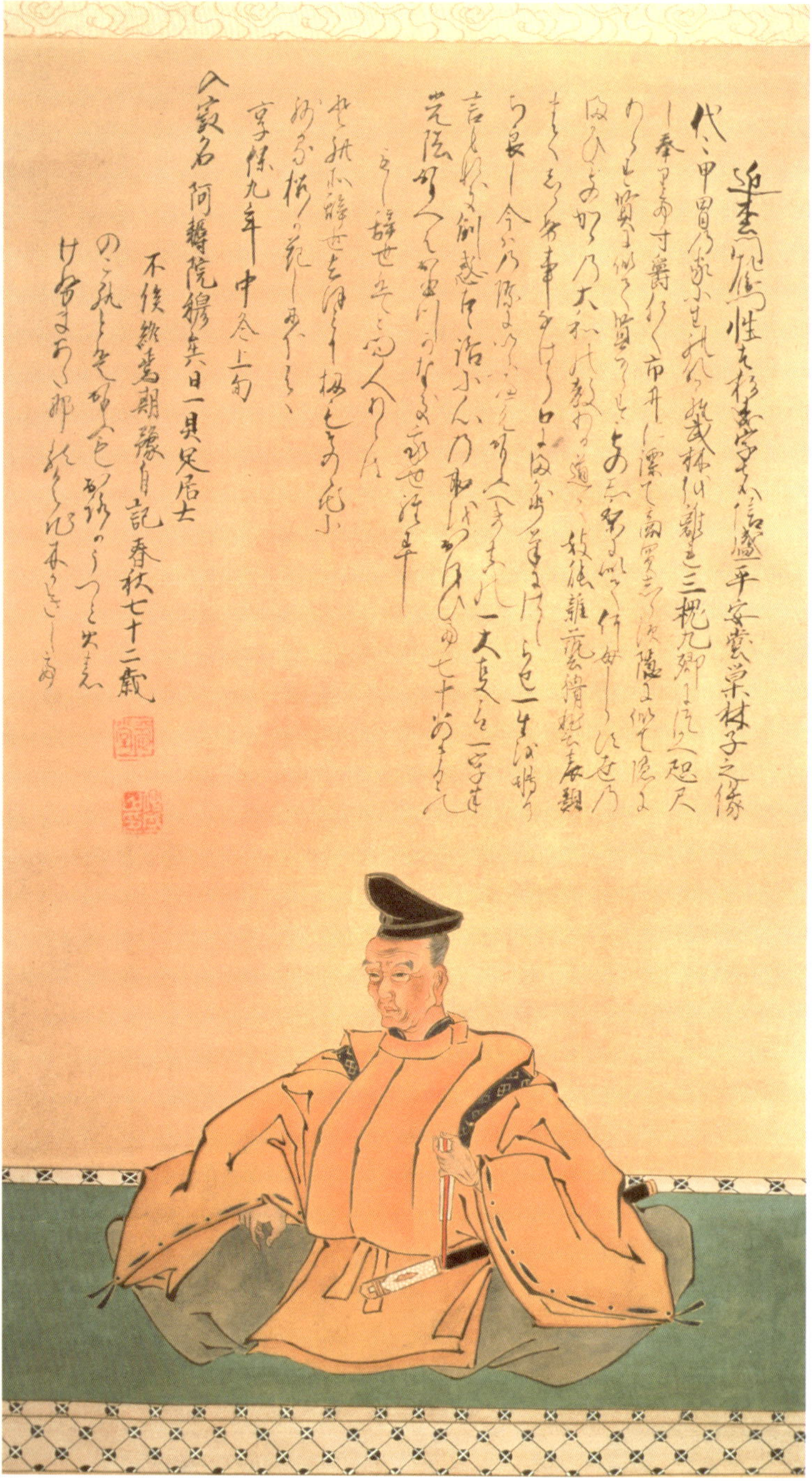

近松門左衛門の肖像画／早稲田大学演劇博物館所蔵

ダメ男が鍵を握る

近松の描く世話物に欠かせないのがダメ男。家庭を顧みず、金と女にだらしないキャラばかりが登場して事件の引き金を引く。隙のない美男よりも人々は感情移入しやすかったのかもしれない。

リアルな女心を描く

惚れた男だからと苦労に耐え忍び、子どもを守るために奔走する……。多くの人形浄瑠璃作者が男の視点で物語を書いたのに対し、近松は女の目線で繊細な心情をすくいあげるのが上手かった。

心に染みる名文

人物の心境や物語の結末を一文で暗示したり、浄瑠璃のリズムをわざと崩して印象づけたり。語呂合わせや掛詞も多く、感情表現も多彩。その筆力は「日本のシェイクスピア」と称されるほど。

優れたマーケティング

実際に起きた事件や市井の人々を題材にした「世話物」というジャンルを確立。それまでの人形浄瑠璃にはなかった「究極の純粋愛」という視点で心中を描き、新たな価値観を浸透させた。

ダメ男が鍵を握る

愛すべきダメ男図鑑

遊女にうつつを抜かしたり、逆ギレして刀を振り回したり。世話物にはどうしようも無いけど放っておけない男が登場する。近松作品を中心に記憶に残るダメ男をおさらい。

イラスト／三宅瑠人

甲斐性は無いくせにプライドは高いメソメソ系

紙屋治兵衛《かみやじへえ》（心中天網島《しんじゅうてんのあみじま》）

妻子がありながら、仕事そっちのけで馴染みの遊女と逢瀬を重ね、心中の約束までするゲス。その遊女にフラれたと分かれば、魂抜けてとぼとぼうかうか……と放心。店のこたつで泣く始末（仕事しろ！）。しかも落ち込む理由は失恋ではなく、同じ商売仲間に女を奪われて男のプライドが傷ついたから。なんともしょうもない。それでも気丈に治兵衛を支えて尽くす妻がスゴすぎる。

親不孝三昧のマイルドヤンキー

河内屋与兵衛《かわちやよへえ》（女殺油地獄《おんなころしあぶらのじごく》）

油屋『河内屋』の息子。母の再婚相手である義父が気を使っているのをいいことにつけあがり、金の無心ばかりしては毎日道楽三昧。親のすねをかじるニートで、短絡的な性格ゆえに家庭内暴力も日常茶飯事。ヤミ金への借金返済に困り、ついには姉と慕っていた同業のお吉《きち》を殺害して金を奪い取る愚行まで。心が未成熟なまま大人になってしまった、強烈〝あほぼん〟。

金と女にだらしない ザ・ええ恰好しい

亀屋《かめや》忠兵衛《ちゅうべえ》（冥途《めいど》の飛脚《ひきゃく》）

昼間から遊郭に通う遊び人。信用第一である飛脚屋の主人にもかかわらず、客の金に手をつけ、遊女の梅川《うめがわ》につぎ込みまくり。親友が遊郭通いをやめろと助言すれば逆ギレ。横領した金を見せびらかし、女の前で見栄を張る。恋に一途というか、後先を考えないバカというべきか。しかし、そんな男に梅川はキュン。完璧な二枚目より、母性本能くすぐられる男にハマッてしまうのだろうか。

商才はあるがモラルはない アラフォー実業家

帯屋《おびや》長右衛門《ちょうえもん》（桂川連理柵《かつらがわれんりのしがらみ》）

京都の帯屋主人。もとは捨て子で隣店の『信濃屋《しなのや》』で育てられ、5歳で帯屋に養子入り。商才があり、今では大名屋敷に出入りする。妻子もいて、まさに順風満帆な仕事盛りの38歳。しかし出張先の宿で魔が差し、『信濃屋』の娘・お半《はん》とワンナイトラブ。育ててくれた店への恩を仇で返すことに。出来心かもしれないが、それにしても14歳の生娘に手を出すとは……。ロリコン疑惑も浮上。

一度キレたら止まらない 狂気のツアコン

福岡貢《ふくおかみつぎ》（伊勢音頭恋寝刃《いせおんどこいのねたば》）

貢は伊勢神宮の近くで宿、食事、遊郭を手配する旅行代理店のような仕事をしている。俺が客を連れてきてるんだとばかりに大きい顔をするため、宿の従業員にとってはヤな存在。仲居にイビられ、恋人に裏切られ、挙げ句に客から依頼されていた刀をすり替えられたと勘違いしてブチ切れ。女中、客など10人を立て続けに斬殺する。お友達にしたくない、怒らせたらヤバいタイプ。

なぜダメ男は愛されるのか

三浦しをん

世話物のヒーローはみな、揺るぎなく「ダメ男」である。自分勝手だし、すぐにめそめそするし、金勘定が苦手だし、現状把握能力にも状況打開能力にも欠けるし、女にだらしない。いいところがほぼ一個もない（たぶん顔ぐらい）。

しかし周囲のひとたちは、そんなヒーローを心配し、諫《いさ》めつつも、愛している。特に女性はその傾向が顕著で、ダメの極みみたいなヒーローを決して見捨てようとしない。何度泣かされても、心の底では「こういうひとだから、しょうがない」と思ってるらしい節が見受けられる。なぜ、彼女たちはダメ男を見捨てず、愛するのか。私はずばり、世話物のヒーローは「セックスがうまいから」だと考えている。これだと即物的すぎるかもしれないので、閨《ねや》のことに限定せず汎用性ある言い換えをすると、「絶妙な色気と愛敬があるから」だと思う。

現実のこもごもを観察してきた結果、現段階で私が確信を持って言えるのは、モテにおいて「色気と愛敬」が要求されるのは、絶対に女性ではなく男性だということだ。「色気と愛敬」を醸しだす男こそが、モテる男なのだ（顔面のつくりは、実はそんなに重要ではない）。そういう男は、異性からだけでなく同性からも、「〇〇さん、かっけー！」ともてはやされるし、多少浮気が激しかろうが、しょっちゅう金借りにこようが、「〇〇くんだからしょうがない」と許され、ちやほやされる。江戸時代もたぶん、現代と同じだったんだろうなと、世話物を見るたびにしみじみ思う。

ではどうして、「色気と愛敬」を備えた男がモテるかというと、どちらかといえば社会規範を維持することを役割づけられた男性にとって、それは本来、必要とされないものだからである。「男はチャラチャラするもんじゃない」「いつでも大黒柱としての責任感を持って、かわいく無力な妻子を養ってやるのが男ってもんだ」という意識は、現代でも少なからず残っている部分があるだろう。

しかし結局のところ、「男は『男』らしく（女は『女』らしく）」というのは、無茶な要求だ。ひとにはそれぞれ、向き不向きがある。「女を口説くことしか得意じゃない男」もいれば、「金を稼ぐのがものすごくうまい女」もいるのである。にもかかわらず、男という性別に生まれただけで、「男はチャラチャラするもんじゃない」と言われてしまうのは、チャラつかずに黙々と稼ぎ、なおかつ家庭内も円満に運営してくれたほうが、民衆を統治する施政者側にとって都合がいいからだ。

けれど、人間ってそういうものではないだろう。そりゃあ、真面目に働いて、一家仲良く暮らしていくに越したことはないけれど、ロボットじゃないんだから、ふと「幸せだけど、俺の人生、これでいいのかな」と思う瞬間だってあるし、悪いことだとわかっていても、ついまちがいを犯してしまうときだってあるはずだ。

たいがいのひとは、「常識」とか「世間体」とか「後始末の大変さ」を気にして、踏みとどまる。退屈だが平穏な「日常」のこちらがわに。しかし踏みとどまらないのが、世話物のヒーローなのである。

「色気と愛敬」を武器に一線を飛び越える彼らの姿は、「自由」の象徴だ。人間が抱える「業」の象徴であり、もっと言えばこの退屈でくそったれな日常、飼い慣らされた社会生活への「反逆」の象徴だ。そのさきに破滅が待ち受けていても、彼らは気にしない。いや、気にしてめそめそしつつも、結局は飛び越えてしまう。常識や世間体に縛られている我々には決して見ることのできない、「向こう側」「外側」の世界へと。

その姿があまりにもきらめいているから、私たちの心のなかにも蠢《うごめ》く「業」の存在をたしかに感じさせてくれるから、ヒーローの周囲にいる登場人物たちも、観客も、どうしても彼らを見捨てられないし、愛さずにはいられないのだ。

豊竹咲甫太夫さん改め竹本織太夫さんが語る世話物を聞いていると、そのことを強く思う。

『女殺油地獄』の「河内屋内の段」冒頭。織太夫さんが「掲諦《ぎゃーてい》掲諦《ぎゃーてい》波羅《はら》掲諦《ぎゃーてい》」と語りだした瞬間、その声と腹は、段の終わりの「越ゆる敷居の細溝も」と確実に呼応している。「掲諦掲諦」は、これから俗臭に満ちた日常を離脱し、一線を飛び越える運命にある与兵衛への言祝《ことほ》ぎと予言として、劇場内と観客の心に響きわたるのである。

ひとの「業」や過ちを糾弾するのではなく、愛し、憧れ、包みこむ眼差しに満ちているから、私は文楽と織太夫さんの語りが好きだ。

みうら・しをん
1976年、東京生まれ。作家。2000年、書き下ろし長編小説『格闘する者に○』でデビュー。2006年『まほろ駅前多田便利軒』で直木賞、2012年『舟を編む』で本屋大賞、2015年『あの家に暮らす四人の女』で織田作之助賞を受賞。文楽の世界を描いた小説に『仏果を得ず』、エッセイに『あやつられ文楽鑑賞』（P102）がある。近著は『ぐるぐる♡博物館』。

リアルな女心を描く

婚活前に必読！貞女の手帖

近松作品をはじめ、世話物に登場する妻たちは夫の悪事を寛大な心で受け止め、店と家庭の両方を守る貞女でした。そんな良妻から肝の据わった処世術を学びましょう。

イラスト／三宅瑠人

一、浮気されたら不倫相手に手紙を書け

——『心中天網島』おさんの教訓

おさんは商売に身が入らない夫の代わりに、紙屋の仕事をこなす内助の功。夫の浮気に気づいても、問い詰めたり激高したりはしない。不倫相手の遊女・小春《こはる》に、夫と別れるよう切々と手紙を綴り、小春を納得させて自ら縁を切らせた。表面上は夫を立てつつ、実は手のひらで転がす。紙屋だから手紙はいくらでも書けたかは置いといて、クレバーな立ち回りだ。

一、夫のメンツを守るために着物を質に入れよ

——『心中天網島』おさんの教訓

近松作品の中でも、おさんは屈指の貞女。夫の不倫相手である遊女・小春が、他の男に身請けされそうになっていると知るや、自分の着物を質屋に預けてでも金を用立てると決意。夫がその金で小春を身請けすれば、メンツは保てるはず。もし身請けができたなら、自分は二人のために身を引いて家政婦か尼になるとまで。この自己犠牲の精神はもはや聖人に近い。

貞女の豆知識

意外と知らない『奥様』の呼び方

他人の妻を呼ぶ場合、現在では「奥様」が一般的だが、江戸時代は多彩だった。身分や階級によって違い、将軍の正室は「御台所様《みだいどころさま》」、大名は御三家・御三卿《ごさんきょう》が「御簾中様《ごれんじゅうさま》」、十万石以上は「御前様《ごぜんさま》」、以下が「奥方様《おくがたさま》」。幕臣の旗本は「奥方様」、御家人は「御新造様《ごしんぞうさま》」。一方、庶民でも上流の町人の妻は「御内儀《おないぎ》」、他は「女房」や「おかみさん」が主流だった。当時の人々は「この呼び名で合っていたかしら……」と気を遣ったに違いない。

一、操を立てるなら顔を汚してでも色気を落とせ

——『夏祭《なつまつり》浪花《なにわ》鑑《かがみ》』お辰《たつ》の教訓

お辰は備中《びっちゅう》へ帰郷する際、悪人に狙われる磯之丞《いそのじょう》を預かってほしいと、夫の仲間から頼まれる。快諾するお辰だが、一方で反対する者も。お辰には色気があり、若い男を預けて間違いがあってはいけないというのだ。するとお辰は、火鉢にあった鉄の棒を顔に押しつけてヤケドを負い、これでも色気があるかと問う。夫のために義理を立てる心意気に脱帽。

一、夫の悪評が広まる前に談合すべし

——『桂川連理柵』お絹《きぬ》の教訓

お絹の夫、長右衛門に浮気が発覚。相手は24歳も年下のお半《はん》。しかも情事は隣店の丁稚《でっち》・長吉《ちょうきち》に目撃されていた。お半に片思いする長吉は、腹いせに二人の仲を言いふらす。事を荒立ててはいけないと思ったお絹は、「お半への恋心を成就させてあげるから任せて」と小遣いまで渡して長吉の取り込みに成功。夫の浮気をもみ消した。フィクサーばりの暗躍だ。

MC門左衛門について

ちょうど今、自分は「フリースタイル・ラップ」というものの対戦を撮る番組の楽屋にいて、遠くからはマイクの調子を試すラッパーたちの声がしている。

同じリズムの上に乗り、その場で相手の容姿や論理をけなしあうのがフリースタイルの王道ということになるが、これはいわば江戸の喧嘩の方法論に等しい。火事と喧嘩は江戸の華などというが、実際にいちいち殴りあっていたら殺伐としてしまう。したがって血気盛んな者たちは往来でタンカの切りあいをした。周囲もそのよしあしをその場で評価し、勝ち負けを決めたと言われている。

言葉と言葉が即興的に行き交うという意味で、それは当然「俳諧精神」から来ている。ラップでは完全即興を「トップ・オブ・ザ・ヘッド」と言うのだが、つまり丸ごと見事に俳諧精神の権化となった者が喝采を受ける。江戸歌舞伎のシンボルである助《すけ》六《ろく》の喧嘩がまさにその「トップ・オブ・ザ・ヘッド」感に満ちている。

だがこの即興の精神は江戸に特有のものと言うべきでなく、大坂の近松門左衛門まで遡って考えねばならないと思う。なぜならご存知のように近松こそ、ストリートで起きた事件を素早く浄瑠璃化し、舞台に仕立て上げた人間だからである。心中があれば想を得て、おそらく書き上げるのは「トップ・オブ・ザ・ヘッド」の速度感で為されたはずだ。

しかも私が「MC門左衛門」とわざわざラッパーめいた名前で呼んでみたりもする彼は、変則的なリズムを多用することでも有名であり、つまり字余り字足らずを投入してくる。

人間国宝・竹本《たけもと》住《すみ》大《た》夫《ゆう》はよく「近松は嫌いや」とおっしゃっている。当然である。近松の即興の凄さは、七五調を知った上でわざとそれを崩すところにあったからだ。語る側は非常にやりにくい。七五のまま乗っていけば覚えやすいし、節にも合う。

いとうせいこう

観客である私でさえ、これまで何度となく近松作品の人形浄瑠璃を観ては、床本の中の変拍子にとまどってきた。通常の拍子に合わせようと思えば、簡単に助詞助動詞の変化でつじつまが合う。にもかかわらず、近松はその方式を取らない。

　ちょうど私は今年『日本文学全集』で「曾根崎心中」を現代語訳したので、この不思議なリズムを人一倍知っている。その韻律をそのまま現代語に移したからだ。例えば、序にあたる「観音廻《かんのんめぐ》り」の、まさに大坂三十三番観音廻りが始まる冒頭に近松はこう書く。

「一番に天満《てんま》の、太融寺《たいゆうじ》」

　リズムは五四五。せめて「一番に」の「に」を抜きさえすれば（「一番天満の太融寺」）七五にはならずとも、四四五で調子はいい。明らかにわざと近松は変拍子を使っているのである。おそらく頭の中では「一番にイイイ」と母音を三つ使って、七文字にしていたはずだ。そうしないと原則八拍子の全体の流れに合わない。となると、続いて「天満の」も「天満のオオオ」とならざるを得ない。だが冒頭だから、このくらい粘るのは必然である。

　つまり文字を書きながらすでに、近松はどう太夫が演じるかまで指定していたのだと思う。音楽と言葉の両方の勘所で、彼は拍子を外して場面を印象づける。演出家の領域である。

　こうした変拍子の根源に、中世の世阿弥《ぜあみ》らが用いた白拍子のリズムがあるという仮説はまた別の機会に譲るとして、MC門左衛門の脚本はフロー（乗せ方）、ライム（韻）の両立した見事な「トップ・オブ・ザ・ヘッド」であり、ただの文字ではなかったことを私はこのラッパーたちのうろつく楽屋で強調しておきたい。

いとう・せいこう
1961年、東京生まれ。作家、クリエイター。1988年、『ノーライフキング』で小説デビュー。1999年『ボタニカル・ライフ』で講談社エッセイ賞、2013年『想像ラジオ』で野間文芸新人賞を受賞。日本語ラップのパイオニアであり、近年は、□□□やレキシ、DUBFORCEでも活動する。古典芸能への造詣も深く、『日本文学全集』（P102）では曾根崎心中の現代語訳を手がけた。

優れたマーケティング

近松門左衛門は敏腕プロデューサーでした

秋元康がおニャン子クラブやAKB48をプロデュースしたように、時代の潜在的なニーズを先取りすることで大ヒット作品を生み続けた近松門左衛門。そんな近松のマーケッターとしての偉業をご紹介します。

大河ドラマではなく月9を作った

日本のシェイクスピアと称される近松門左衛門。その類まれな才能は『曽根崎心中』で開花した。近松が51歳のときである。

もともと近松は20代で人形浄瑠璃の世界へ入り、40歳前後から約10年間は歌舞伎の作者として専念していた。そして再び人形浄瑠璃の世界へ戻り、その復帰第一作となるのが『曽根崎心中』だった。竹本座で上演されると、たちまち評判となり大ヒットを記録。以降も近松は数々の名作を残した。

それまでの人形浄瑠璃は、武家社会のお家騒動や歴史上の英雄を扱った、壮大な時代物がほとんど。中には、現実に起きた事件をすぐさま脚色して上演する試みや、心中を扱う作品もあったようだが、近松は心中を下世話なキワモノとして扱うのではなく、身分の低い町人と遊女の儚くて切ない純粋愛として書き上げた。自身も浄瑠璃作者として再出発するにあたり、何か今までにないような新しい浄瑠璃を模索していたのだろう。

当時『曽根崎心中』は、『日本《にっぽん》王代記《おうだいき》』という時代物の添えものとして上演された。だが、近松の名文、そして竹本義太夫《たけもとぎだゆう》の語りが、生身の人間の芝居以上にリアルな情景を浮かび上がらせ、観客の心を打った。人々は同じ時を生きる登場人物に共感し、自分を重ねて涙したのだろう。まさに当時のトレンディドラマだ。それまで「時代物」「世話物」というカテゴリーすら存在しなかった浄瑠璃において、近松が新たなジャンルを確立したのである。

恋の手本となる心中ブームを起こした

『曽根崎心中』で、近松はお初《はつ》と徳兵衛《とくべえ》の心中を「未来成仏疑いなき、恋の手本となりにけり」と結び、その後も心中を題材にしたラブストーリーを数多く書き上げた。そこで起きたのが心中ブームだ。

江戸時代は封建社会で許嫁《いいなずけ》文化。庶民の間でも自由恋愛は難しかった。さらに、日本人は基本的に仏教徒で、来世があると信じていた。こういった当時の人々を取り巻く環境や不満に、近松の描く愛の物語がずばりハマったのだろう。「心中は究極の愛の形」という新たな価値観が生まれ、巷で若い男女の心中が流行した。ブームは上方から江戸へと飛び火し、遂には幕府を動かすまでの社会現象に。人形浄瑠璃や歌舞伎での心中物の上演は禁止され、「心中」という言葉自体も使用を禁じられたのだ。代わりに「相対死《あいたいじに》」と呼んだというが、確かに心中の甘美な響きに比べてロマンチックさは皆無だ。

筆の速さはネットニュース級!?

テレビやラジオがなかった時代。巷の事件をいち早く伝えたのは主に瓦版だった。瓦版とは、街角で事件の速報を読み上げながら販売した刷り物。それ以外に時事を知る手段として、人形浄瑠璃や歌舞伎があった。ワイドショーを観る感覚だったのだろう。庶民にはニュースであり娯楽でもあった。話題性の高い事件が起きると、各小屋はすぐさま芝居にし、競い合うように上演。劇作家は素早い対応を求められたに違いない。

世話物の名作『心中天網島』は近松が68歳で書いた作品。小春と治兵衛が死に場所を求めてさまよう「道行名残の橋づくし」の冒頭は「走り書き」と始まる。一説では、近松が宴会中に竹本座から使いが来て、「昨晩、大長寺で情死があったのですぐに浄瑠璃を書いてください。豊竹座に負けてしまいます」と頼まれ、帰りの駕籠《かご》の中で走り書きしたからといわれている。

大阪がもっと楽しくなる、文楽ぶらあるき

国立文楽劇場で芝居を観たなら、そのまま大阪の街へ繰り出そう。近松ゆかりの場所を巡ったり、織太夫が愛する景色やグルメを味わったり……。文楽の本場・大阪でしかできない〝ぶらあるき〟を楽しんでみませんか？

写真／白石和弘

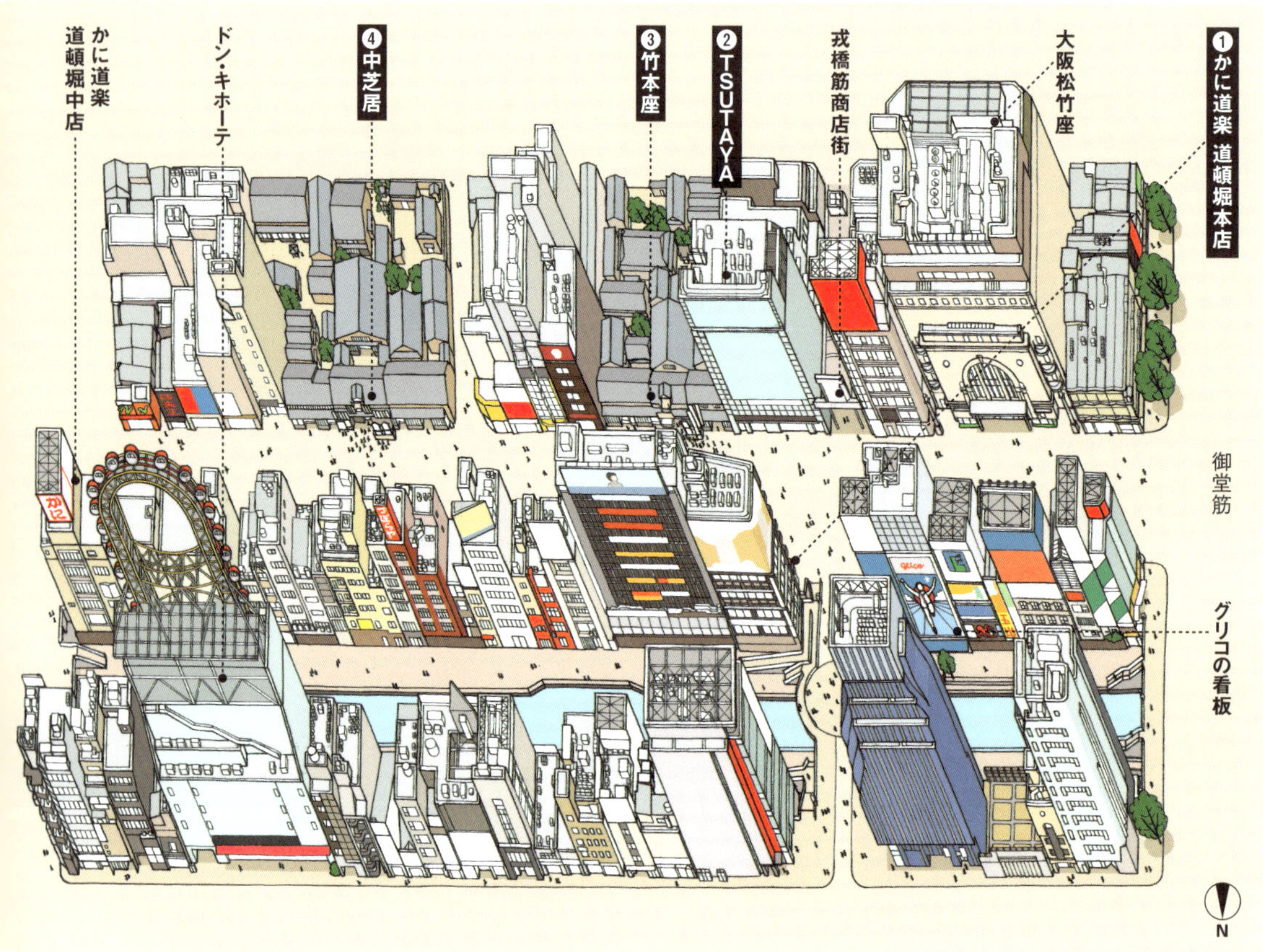
❶かに道楽 道頓堀本店
大阪松竹座
戎橋筋商店街
❷TSUTAYA
❸竹本座
❹中芝居
ドン・キホーテ
かに道楽 道頓堀中店
御堂筋
グリコの看板
N

堺筋方面へ行けば、❹中芝居、❺角芝居、❻角丸芝居、❼豊竹座、❽竹田芝居の順に当時の場所が確認できる。

ぶらあるき 01

江戸時代のブロードウェイを歩く

大阪・ミナミにある道頓堀《どうとんぼり》はくいだおれの街として有名ですが、その昔は芝居小屋が立ち並ぶ演劇の町。そこには文楽のルーツとなる二つの芝居小屋がありました。

曽根崎心中《そねざきしんじゅう》はこの地で生まれた

カニやふぐ、昇り龍のド派手な看板が舞い、串カツやたこ焼きの店が軒を連ねる道頓堀は、目立ちたがり屋でお笑いと粉モンが好き……という大阪人のイメージを濃縮した街。かつてここが江戸時代のブロードウェイだったことは誰も想像できない。

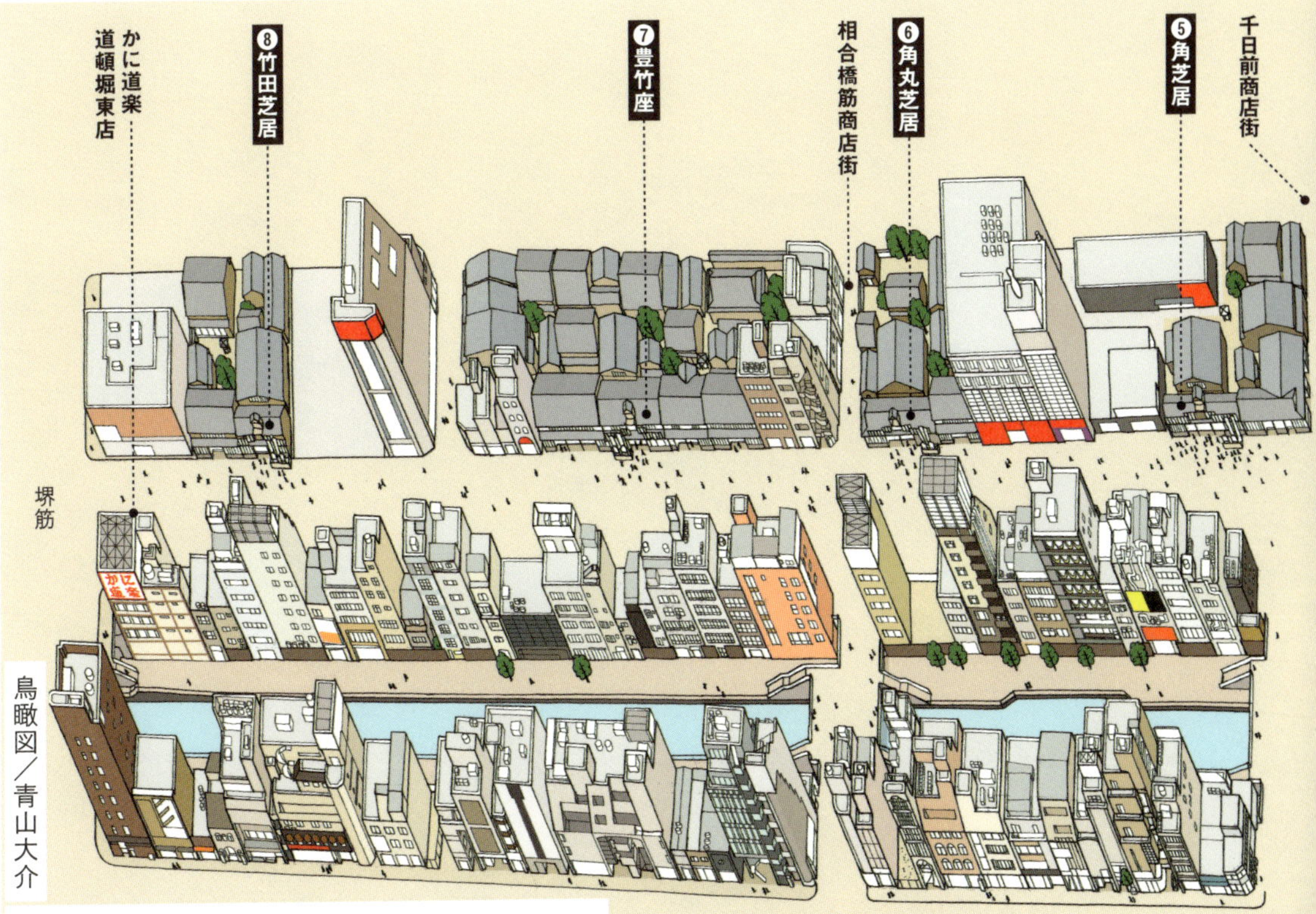

鳥瞰図／青山大介

ブロードウェイの歩き方

❶かに道楽道頓堀本店からスタート。❷TSUTAYAの東隣に❸竹本座跡の石碑があるので、それを目印に

１６１５年、道頓堀の完成ほどなく、芝居小屋や遊郭の設置が許可され、南岸は人形浄瑠璃や歌舞伎、からくり芝居で賑わった。１６８４年に義太夫節《ぎだゆうぶし》の創始者である竹本義太夫《たけもとぎだゆう》が開いた竹本座もその一つ。近松門《ちかまつもん》左衛門《ざえもん》の『曾根崎心中』や『冥途《めいど》の飛脚《ひきゃく》』など多くの名作がここから生まれた。１７０３年には義太夫の弟子が豊竹座を旗揚げ。両座が競い合うように人形浄瑠璃は発展していく。

上の鳥瞰図は、現在の街並みに18世紀前半の芝居小屋を描いたもの。御堂筋と堺筋の間わずか５００ｍの通りに幕府公認の芝居小屋が六つもあった。竹本座はＴＳＵＴＡＹＡとＦＯＲＥＶＥＲ21の間に、豊竹座は場外馬券場・ウインズの場所に。そんなふうに歴史を確かめながら歩くと、往時の賑わいが蘇ってくる。

西風《にしふう》の竹本座、東風《ひがしふう》の豊竹座

道頓堀の東西にあった竹本座と豊竹座。両座の持ち味は対照的だった。竹本座は情感豊かな節回し、豪快な語り口が魅力。一方、豊竹座は派手で柔らかく技巧的。互いの曲風は小屋の位置関係から、竹本座は「西風」、豊竹座は「東風」と称された。

両座のライバル関係は次第に熱を帯び、竹本座が近松門左衛門を座付き作者に、大興行主の竹田出雲《たけだいずも》を劇場経営に加えて盤石の地位を築くと、豊竹座は近松に対抗しうる唯一の作者といわれた紀海音《きのかいおん》を迎え、人形遣いの名手・辰松八郎兵衛《たつまつはちろべえ》との共同経営で評判を得る。例えば、1722年に起きた八百屋の養子・半兵衛《はんべえ》と女房お千代《ちよ》の心中事件を、竹本座では『心《しん》中宵庚申《じゅうよいごうしん》』、豊竹座では『心中二つ《しんじゅうふた》腹帯《はらおび》』として上演したことも。この対抗意識が相乗効果を生み、18世紀中頃には歌舞伎をしのぐ人気を誇っていた。

街の名物と文楽の意外な関係

道頓堀の街並みは変われど、周辺には文楽とゆかりのある名物が残っている。法善寺《ほうぜんじ》横丁の『夫婦善哉《めおとぜんざい》』は、人形浄瑠璃の太夫《たゆう》だった竹本琴太夫《たけもとことたゆう》が始めた甘味処『お福《ふく》』が前身。一人前のぜんざいを二杯のお椀に分けて提供することから男女が食べると円満になれる縁起物として親しまれる。また、中座くいだおれビルに立つ、くいだおれ太郎は文楽人形師が作ったもの。紅白の衣装で鉦《かね》と太鼓を叩く姿は商魂たくましい街のシンボルとして存在感を放っている。

▶くいだおれ太郎が眉や目、口を動かし、太鼓を叩く姿は文楽人形を彷彿させる。

▶丹波大納言小豆をじっくり煮込んだ夫婦善哉。上品な甘みが優しく染みわたる。

1

今とはまるで違った？ 竹本座の芝居の仕組み

江戸時代、大坂の旦那衆を魅了した竹本座の人形浄瑠璃。当時の上演スタイルは現在とかなり異なっていた。

竹本座は興行責任者である「座本《ざもと》」と資本を出資する「金《きん》主《しゅ》」が運営。小屋の正面玄関に高々と櫓《やぐら》を組んで、座紋の幕を掲げていた。その櫓の下には最高位の太夫の名前が記されていたという。

舞台の構造は簡素で、4～6mの横長の箱を置き、その後ろに人形遣いが隠れて、箱の上に人形を出すように演じていた。現在との一番の違いは、一体の人形を一人で操っていたことだ。

下の絵は当時の『曽根崎心中』の一幕。女方の名手・辰松八郎兵衛が「お初《はつ》」を演じている。八郎兵衛は人形の背中ではなく、裾から両手をグイッと差し込み、舞台の上に掲げている。人形の全体と左手の動きを左手で、人形の右手の動きを右手で操作している。この頃すでに目の開閉や手の関節を動かす仕掛けも導入されていた。竹本座では一人で人形を操っていることが分かるように、衝立《ついたて》に薄い布を張った舞台も採用していた。こうすることで、影絵のように人形遣いの動きが見えたという。物語とは別の角度でも観客を楽しませようとしていたことが分かる。この舞台は『曽根崎心中』の後、使用されなくなったという。舞台の構造が変わったことから、人形の遣い方にも変化が起こり、やがて三人遣いへ移行していく。

上方こぼれ話 芝居小屋

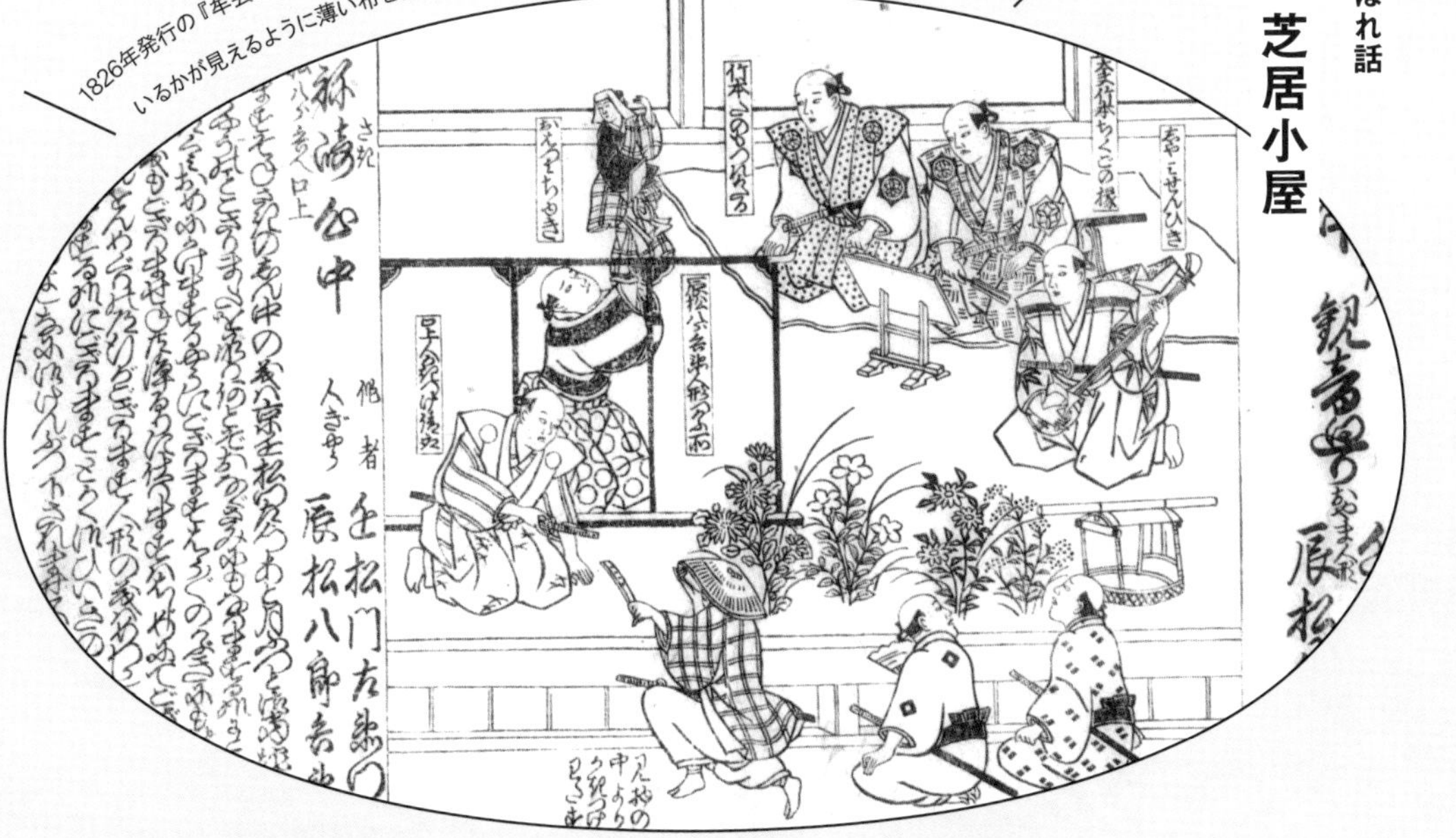

1826年発行の『牟芸古雅志《むぎこがし》』に収録される『曽根崎心中』の口上番付。人形遣いがどのように人形を操っているかが見えるように薄い布を張った幕や箱を衝立のように使っていた。国立国会図書館所蔵

ぶらあるき 02

近松ゆかりのパワースポットを巡る

作『曽根崎心中』はお初《はつ》と徳兵衛《とくべえ》が生國《いくに》魂神社で再会し、露天神社《つゆのてんじんしゃ》の境内で心中する。その始まりと終わりの場所は大阪屈指のパワースポットでもあります。

美人
祈願

芸事に精進するなら 生國魂神社《いくくにたまじんじゃ》

上方文化が花開いた地

「いくたまさん」と親しまれる、大阪最古の神社。約2700年前、日本の初代天皇、神武天皇《じんむてんのう》が国土の平安を願い、生島大神《いくしまのおおかみ》と足島大神《たるしまのおおかみ》を鎮祭したのが始まりとされる。また、江戸期に入ると落語をはじめとするさまざまな芸能が境内で生まれたため、上方文化発祥の地ともいわれている。

『曽根崎心中』の冒頭、お初が観音巡りで訪れ、徳兵衛と再会するのが生國魂神社の境内。現在は近松門左衛門をはじめ、人形浄瑠璃の発展に尽力した浄瑠璃七功神や文楽関係者を祀る浄瑠璃神社があり、芸能上達の神様として信仰されている。

生國魂神社

［谷町九丁目］map P77
大阪府大阪市天王寺区
生玉町13-9
☎06-6771-0002

声楽、脚本、日本舞踊など、あらゆる芸事の上達を祈願する浄瑠璃神社の神札1,000円。織太夫も縁のある芸能関係者に贈っている。

恋愛成就を願うなら 露天神社《つゆのてんじんしゃ》

美人絵馬で心根まで美しく

創建以来1300年の歴史を持つ露天神社。『曽根崎心中』では、お初と徳兵衛が心中する場所、天神の森として登場する。通称「お初天神」と親しまれ、今では縁結びの神様として、若い女性が参拝に訪れるパワースポットになっている。それゆえ、恋愛成就のお守りや絵馬を豊富に取り揃える。最新作の美人絵馬は、お初の輪郭だけが描かれた絵馬に自由に顔を描いて美人祈願するというもの。絵馬掛けには思い思いのイラストとともに、「彼氏ができますように」「歯並びがきれいになりますように」と女性の願いが連なっている。

露天神社

[東梅田] map P77
大阪府大阪市北区曽根崎2-5-4
☎06-6311-0895

美人絵馬800円。「容姿美しきは一時の花。心根美しきは一生の宝」という言葉が境内に掲げられている。内面の美しさも忘れずに。

上方こぼれ話
女性のファッション

女房は既婚の証として眉を剃り、お歯黒をしていた

2

ダメ男が虜になった遊女はファッションリーダー

『曽根崎心中』のお初が観音めぐりで生國魂神社を訪れていたように、実は、江戸時代の女性もパワースポットが好きだった。300年の時が経っても女心は変わらないということだろうか。しかし、ファッションに関しては現代と大きく異なっている。江戸時代は身分制度があったため、身の丈以上のファッションは幕府から禁止されていた。そのため、髪型や着物を見れば、おのずとその女性の身分や職業、既婚か未婚かどうかまでが分かったようだ。

文楽の世話物によく登場する町屋の女房は、紺や茶色、グレーといった渋い色味の小袖《こそで》の着物に前掛けが一般的。薄化粧で、髪型は丸みのある髷《まげ》にシンプルな髪飾りだけ。櫛《くし》やかんざしといった髪飾りは、江戸女性にとってはアクセサリーの役割。女房の見た目で最も特徴的なのはお歯黒。黒色は他の色に染まらないことから貞女の証とされ、結婚が決まるとお歯黒をしていた。さらに子どもが生まれると眉を剃り落とす。どちらも現代でいうところの、左手の薬指の指輪のような意味合いがあったようだ。

一方、旦那たちを虜にした遊女はそれと一目でわかるほど、ド派手に着飾っていた。どれだけ他の遊女より目立つか、自分を美しく見せる術を研究して競い合っていた。大きく結い上げた髪にべっ甲の櫛やかんざしを何本も挿し、目尻に薄い紅を引いて切れ長の目にメイク。金箔や刺繍が施された豪華な着物をくずし気味に着こなし、垢抜けた雰囲気を漂わせていた。

遊女たちが生み出した化粧法や着こなしは、庶民の間でも新たな流行になったという。中には考案した遊女の名前を冠した髪型もあった。遊女は当時のファッションリーダー的存在だったのだ。女房と愛人で、装いにこれほどの違いがあったのだから、旦那が遊女にメロメロになったのも容易に想像がつく。

遊女の髪飾りはべっ甲の櫛やかんざしをいくつも挿すのが典型的

イラスト／三宅瑠人

ぶらあるき 03

織太夫ロードで朝ジョグ

堂島川《どうじまがわ》と土佐堀川《とさぼりがわ》に囲まれる中之《なかの》島《しま》は水と緑を感じられる都心のオアシス。織太夫にも馴染み深い場所だ。難波《なにわ》橋《ばし》のそばに祖父の稽古場があり、幼少期はバラ園や川沿いの遊歩道が遊び場に。太夫になって中央公会堂やフェスティバルホールの舞台にも立った。2015年には織太夫推薦の「伝統を守りながら進化する道」として大阪府・大阪市・観光庁（現在はJSTA）のランナーズインフォメーション研究所に公認された。約1.2kmのコースにはモダンな近代建築が点在。朝の澄んだ空気のなかジョギングするのにぴったりだ。

織太夫ロードの景色

1 中之島公園のバラ園

春と秋が見頃。「西ひがし みな見にきたれ なには橋 すみずみかけて 四四の十六」と狂歌にあるように昔は橋の上から16の橋が見渡せた。

2 大阪市の市章

天神橋《てんじんばし》、天満橋《てんまばし》とともに浪華《なにわ》三大橋と呼ばれた難波橋。その親柱には市章の澪標《みおつくし》が。澪標は航路を示す杭のことで水都大阪のシンボル。

3 難波橋のライオン像

前述の狂歌にある「四四＝獅子」とかけて1915年に造られた。写真は橋の西南に位置する阿形の像、東側には吽形の像がある。

4 大阪市中央公会堂

ネオ・ルネサンス様式の名建築として国の重要文化財に指定。織太夫は『大阪国際人形劇フェスティバル2008』で道行初音旅《みちゆきはつねたび》を上演した。

5 みおつくしプロムナード

大阪市中央公会堂から大阪市役所へと続く川沿いの遊歩道。ビジネスマンの往来が絶えない石畳とケヤキ並木のコントラストが美しい。

6 御堂筋《みどうすじ》

道幅約44m、全長約4km、梅田と難波を結ぶ大阪の大動脈。道の両側にはイチョウが植えられていて、大阪市の象徴的存在となっている。

7 日本銀行大阪支店

建築家・辰野金吾《たつのきんご》によるネオ・ルネサンス様式。威厳を示すかのような重厚な造りは、中之島の建築に統一感をもたらしたといわれる。

8 フェスティバルホール

数々のアーティストから称賛される、優れた音質を誇る名ホール。2012年の舞台開きでは織太夫が二人三番叟《ににんさんばそう》を務めた思い出の地でもある。

6

5

8 フェスティバルホール
大江橋南詰
御堂筋
6 御堂筋
4 大阪市中央公会堂
堂島川
西天満1東
大江橋
四つ橋筋
大阪市役所
大阪府立
中之島図書館
大阪市立
東洋陶磁美術館
堺筋
難波橋
1 中之島公園
のバラ園
START
GOAL
7 日本銀行大阪支店
5 みおつくしプロムナード
土佐堀通
土佐堀川
肥後橋
淀屋橋
淀屋橋
2 大阪市の市章
3 難波橋のライオン像
淀屋橋
北浜1
北浜
肥後橋
N
0 1:9,700 100m

8

7

上方こぼれ話
大坂のビジネス

3

時代が変われば、商いも変わる。江戸時代の大坂で繁盛していたのはどんな商売だろうか。ここでは文楽に登場する職種をピックアップ。さあ、寄ってらっしゃい、見てらっしゃい。

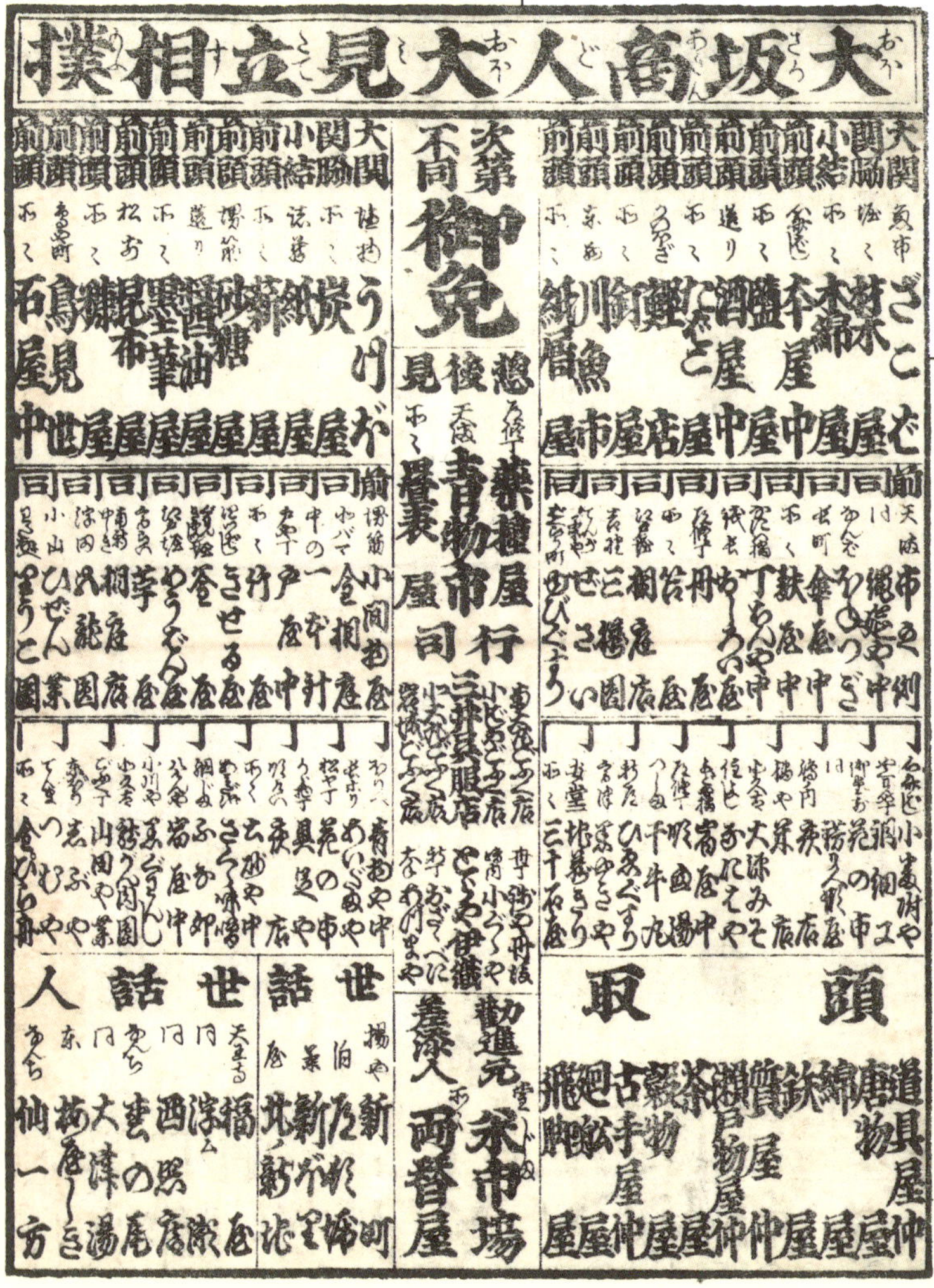

当時は相撲や芝居の番付に見立ててさまざまな分野の番付があった。この商人番付は1841年のものといわれる。最高位である大関には東に「ざこば」と西に「うつぼ」。ざこばは小魚や大衆魚を扱う魚市場、うつぼは塩干専門の魚市場だった。ケンショク「食」資料室所蔵

【紙屋―かみ-や】

和紙を仕入れて販売や流通を手がける商い。江戸時代、紙は米や油に次ぐ重要物資の一つ。右の商人番付でも紙屋は西の小結に入っている。西日本で生産された紙は大坂・中之島にある各藩の蔵屋敷に運ばれ、そこで商取引が行われた後、江戸や各地へ出荷されていた。そのため、中之島の近くには紙問屋が多く存在。『心中天網島《しんじゅうてんのあみじま》』の紙屋《かみや》治兵衛《じへえ》が営む店も中之島の北側、大阪天満宮のそばにあった。紙の問屋か小売商かは定かではないが、当時の一等地で間口が六間（約11m）ある店を構えていたことからも相当な商いだったことが伺える。

【油屋―あぶら-や】

当時、油屋で扱うのは食用の油ではなく、灯火用。大きく分けて、原料となる菜種や綿実を扱う問屋と、製品としての油を扱う問屋があった。『女殺《おんなころし》油《あぶら》地獄《のじごく》』の河内屋与兵衛《かわちやよへえ》の家業が油屋だったが、与兵衛の店は後者と考えられる。1724年の統計では大坂から江戸へ1樽72ℓの油が73651樽出荷されるほど、大坂は油の一大集散地だった。画期的な搾油道具が発明されたこと、また、瀬戸内海で大量に獲れる鰯が、干鰯《ほしか》として近隣諸国の菜種の肥料になったことが理由と考えられる。

【飛脚屋―ひきゃく-や】

現代でいえば「佐川男子」のような宅配業者のこと。発祥は鎌倉時代といわれるが、運送のシステムが整備されたのは江戸時代。元々、飛脚は公文書を運ぶ大名専用のシステムだったが、1663年に民間の町飛脚《まちびきゃく》ができ、一般人も利用できるようになった。『冥途《めいど》の飛脚《ひきゃく》』の亀《かめ》屋忠兵衛《やちゅうべえ》もその町飛脚。毎月2日、12日、22日の三度大坂を出発し、江戸との間を往来した。1711年当時、大坂に飛脚屋は18軒あり、仲間同士で連帯責任を取る制度があった。注文の品を届けられない場合、その支払いは組合仲間で負担。問題を起こした飛脚屋は土地財産を没収され、主人は引き回しの上に死罪という刑罰が科せられた。

ちなみに、当時の飛脚は東海道（京都―江戸間）約492kmを並便（普通郵便）で約30日、最短なんと4日で届ける便もあった。料金は並便が30文（約450円）、4日限り仕立ては金4両2分（約27万円）といわれている。

【古手屋―ふるて-や】

今でいうリサイクルショップのような存在。古着屋のことを大坂ではこう呼んだ。江戸時代は現在と違い、モノを大量生産できないため、リサイクルが主流だった。特に、着物は再利用しやすく、古着が広く流通していた。多くの人口を抱える大坂では需要が高く、店の数も多い人気商売だった。文楽の名作にも『桜鍔恨鮫鞘《さくらつばうらみのさめざや》』という古手屋を舞台にした演目がある。古手屋は客の信用や資金、経営ノウハウを培った後に、呉服商、百貨店へと発展するケースもあった。例えば、そごうは大坂の坐摩神社《いかすりじんじゃ》の南隣にあった古手屋「大和屋《やまとや》」が、大丸は京都・伏見の「大文字屋《だいもんじや》」が前身。

ぶらあるき 04

文楽で重要な浪華八百八橋を知る

『心中天網島』で小春と治兵衛が死に場所を求めて数々の橋を越え『女殺油地獄』では与兵衛が包丁を橋の上から捨てる。このように、文楽では橋の場面や名称がよく登場する。当時から、大坂の庶民に橋は欠かせない存在だったのだ。

　江戸時代の大坂は川や運河に囲まれた水の都。橋が数多くあり、「浪華《なにわ》の八百八橋」と呼ばれていた。しかし、実際には江戸の約３５０橋に対して、大坂は約２００橋のみ。では、なぜ八百八橋と称されたのか。それは、江戸は公儀橋《こうぎばし》という官製のものが半数を占めていたが、大坂のほとんどは町人が生活や商売のために私財を投じて架けた町橋だったから。八百八橋には、町人たちの心意気への称賛も込められている。

御舟かもめに乗って、あの橋を眺めよう

御舟かもめは、定員10名の小さなクルーズ船。オープンデッキに乗り込めば、風が心地よく、普段とは違う角度から名建築を眺めたり、橋の下をすれすれでくぐり抜けたり。船長のローカル情報を聴きながらのんびりと進んでいく。朝ごはんクルーズや夜景を楽しむバークルーズなど多彩なコースがあるなかで、文楽好きにおすすめなのはドボククルーズB。本来は大阪湾岸の水門や巨大構造物の鑑賞を目的とするが、文楽に登場する三つの橋（左）も眺めることができる。意匠が凝らされた橋のディテールを観察しつつ、名場面の目撃者として想像を巡らせてみては?

御舟かもめ

ドボククルーズBは予約優先で受付は希望日3日前の正午まで。
運行は八軒家浜発着で約3時間(途中休憩あり)。
4,500円。運航日は時期によって異なる。
予約・運航日の詳細は ☎050-3736-6333
またはwww.ofune-camome.netでご確認を。

大阪府大阪市中央区天満橋京町1-1 八軒家浜船着場

天満橋《てんまばし》

かつては葛飾北斎《かつしかほくさい》も描いた浪華三大橋の一つ。『心中天網島』では天魔にちなむ天満橋と例えられ、淀川《よどがわ》と大和川《やまとがわ》がここで合流し、水と魚が仲睦まじく連れ立っていくことを小春と治兵衛の行く末に重ね合わせている。

天神橋《てんじんばし》

『心中天網島』で治兵衛は自分の家を振り返りもせず、反対方向の南へ天神橋を渡っていく。女房のおさんと子どもたちのことを心残りに思いながらも、小春と心中することを決めた治兵衛の覚悟が改めて感じられる場面。

栴檀木橋《せんだんのきばし》

江戸初期、蔵屋敷のあった中之島と船場の行き来のため土佐堀川に架けられたといわれる。『女殺油地獄』の与兵衛がお吉を刃物で刺し、奪った金の重さでふらつきながら逃げる途中、凶器の刃物を投げ捨てたのがこの橋。

上方こぼれ話

遊郭

4

新町遊郭はVIP御用達の文化サロンだった

文楽で欠かせないのが、家庭を顧みず、遊女に入れ揚げるダメ男の存在。名作には遊郭の場面がつきものだ。男たちのパラダイスといったイメージがある遊郭だが、実際のところはどのような場所だったのだろうか。

江戸時代、幕府に公認され、三大遊郭と呼ばれたのが江戸の吉原《よしわら》、京都の島原《しまばら》、そして大坂の新町《しんまち》。1629年に誕生した新町遊郭は、当初は68軒だったが、20年後には240軒あまりがひしめく遊郭街に。他に堀江《ほりえ》、堂島新地《どうじましんち》、曽根崎新地《そねざきしんち》など幕府に承認されていない花街も点在していたが、新町遊郭は幕府公認の遊郭として格があった。大企業の経営者や上方の文化人などに贔屓《ひいき》にされた、文化サロンのような存在でもあったのだ。

当然、公認の遊郭で働く遊女は、非公認の花街の遊女に比べてステータスがあった。遊女＝身体を売る商売と思いがちだが、必ずしもそうではない。ひとくちに遊女といっても、細かなヒエラルキーが存在したのだ。新町遊郭の場合は、太夫《たゆう》を最上位に、天神《てんじん》、鹿子位《かこい》、端女郎《はしじょろう》の順。太夫ともなれば、容姿や客のあしらいに秀でているのはもちろん、知性を兼ね備えていなければならなかった。豪商や公家などが集う社交場において、時には対等に話せる教養や品が求められたのだ。また、茶道や華道、書道、和歌、俳諧など、ありとあらゆる芸事も身に付けている必要があった。

『浪花名所図会《なにわめいしょずえ》』の新町九軒町《くけんちょう》の図には、遊女が大勢を従えて客の待つ揚屋へ向かう"道中"の様子が描かれている。遊郭の名物ショーには多くの見物客がいたようだ。大阪府立中之島図書館所蔵

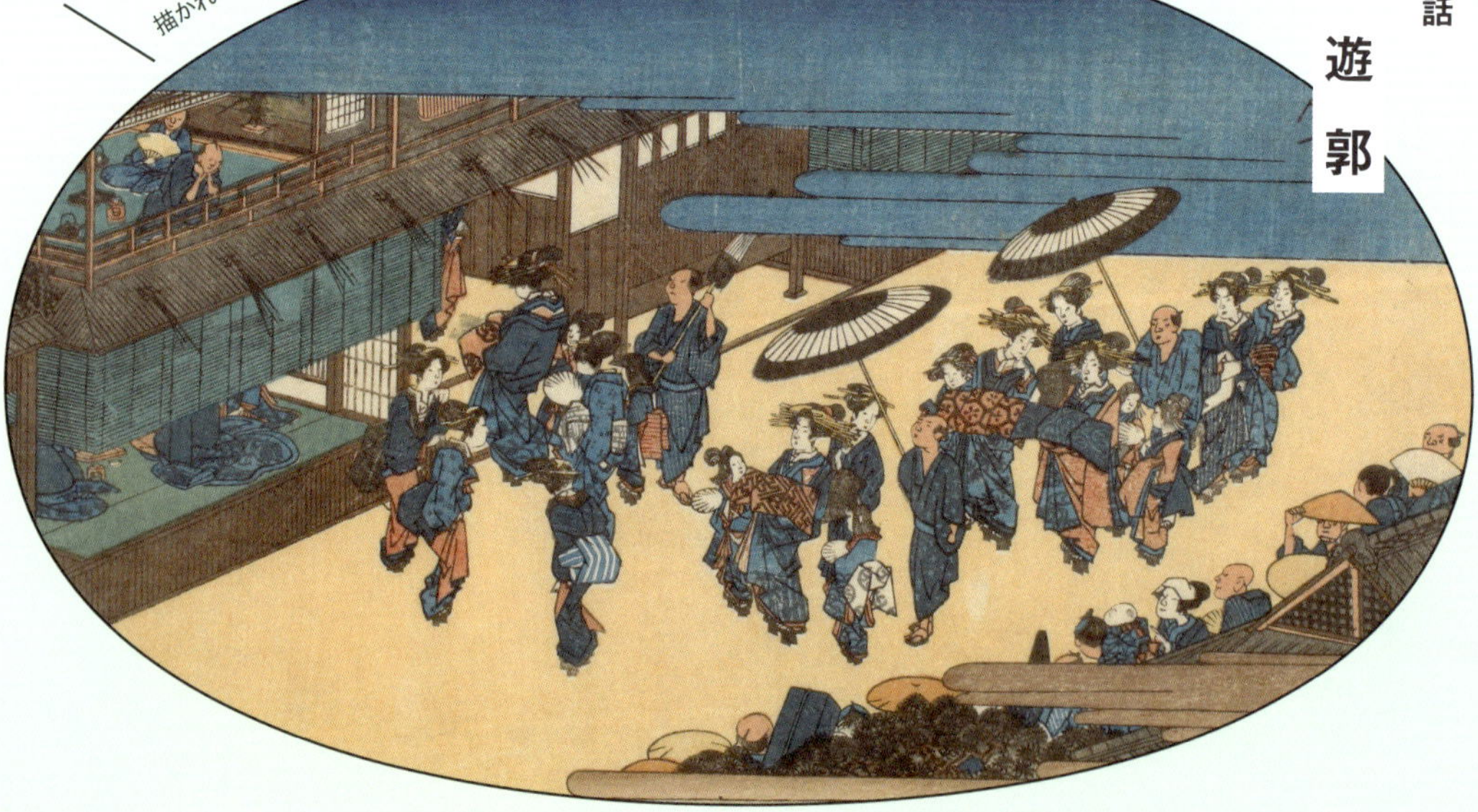

遊郭名物の太夫道中は
当時のレッドカーペット

客は遊女を揚屋《あげや》に呼んで遊ぶのが一般的。揚屋とは貸座敷屋のこと。座敷には、食事を提供するための台所や、庭には茶室が設けられていた。新町の揚屋は、諸国一といわれたほど豪勢な造りだった。門構えや庭も立派で、中には大小の座敷がいくつもあったという。揚屋に招かれるのは太夫と、天神の中でもトップクラスの大天神に限られた。その他の天神、鹿子位は茶屋（格下の貸座敷屋）に呼ばれる。下級の端女郎は店付茶屋に住み込み、見世格子と呼ばれる格子の奥で客を待った。

1701年の記録では太夫の揚げ代（座敷に招いて遊ぶ代金）は、銀63匁で約63000円。鹿子位は銀17匁で約17000円。一回の代金がこれでは、よほどのセレブでなければ新町には通えなかっただろう。

客が揚屋に予約を入れると、遊女は身支度を整えて、住まいである置屋から客のいる揚屋へと向かう。その際、琴や布団《ふとん》など商売道具を一式持っていかなくてはいけないため、禿《かむろ》という少女を先頭に、引舟《ひきふね》（世話役）や傘持ちを従えていき、太夫はゆったりと優雅に歩を進める。これは「太夫道中」と呼ばれ、遊郭の名物ショーだった。

恋のけじめをつけるには
大金が必要だった

最後に、遊女が「あなたと一生添い遂げます」と瞳を輝かせる場面が文楽でもしばしば登場する。身請《みう》け制度について。遊女が遊郭で働く期間はおおよそ20代後半までと決められていた。その期限を待たずに卒業する手段の一つに、客が遊郭に金を支払って遊女を引き取る身請け制度があった。しかし、それには莫大な金がかかったため、身請けされる遊女はほんの一握り。身請けの額に決まりはなく、男が遊郭側と交渉して折り合いをつけていた。『冥途の飛脚』で、新町遊郭の端女郎だった梅川《うめがわ》の身請けは160両で約1000万円。確かに、亀屋忠兵衛のように公金を横領でもしない限り、この額を用立てるのはなかなか難しそうだ。

『浪花《なにわ》百景《ひゃっけい》 新町店つき』で格子の奥にいる端女郎を品定めする客
『冥途の飛脚』の梅川もこのランクだった。大阪府立中之島図書館所蔵

ぶらあるき 05

織太夫が愛する名店へ

大阪・ミナミで生まれ育った竹本織太夫は ローカルグルメにも一家言あり。国立文楽劇場のそばにもプライベートで通う名店がたくさんあります。

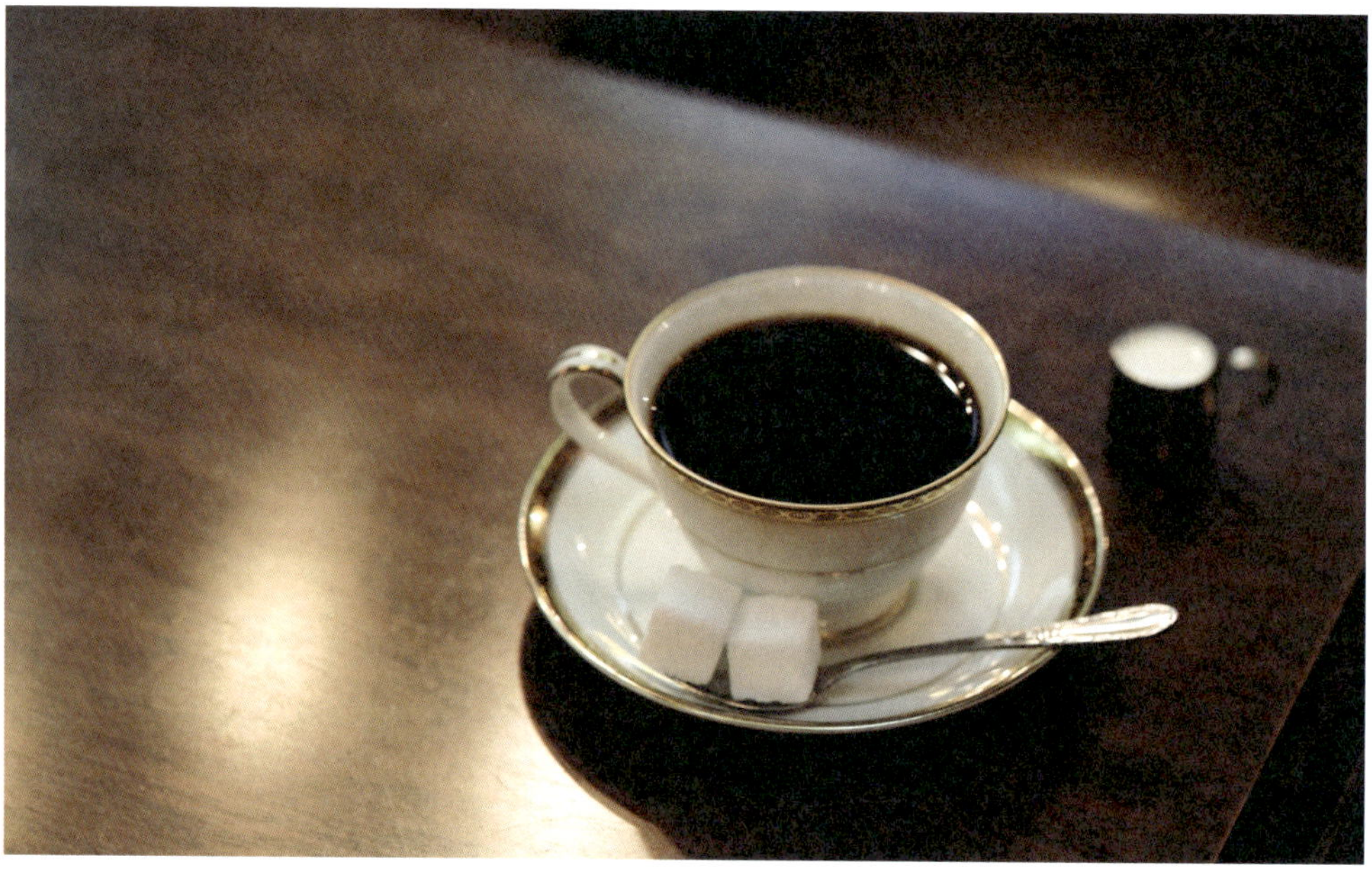

街に生きるストロング珈琲

純喫茶文化が栄えた大阪はコーヒーが濃かった。それは味が薄いと「豆をケチッてる」と思われるからだ。

１９３４年創業の『伊吹珈琲店』は、なにわストロングと称されるその伝統の味を守る店だ。「冷めても酸味が少なく、最後の一滴までおいしい」を追求するコーヒーは5種類の豆をブレンド、20分かけて抽出する深煎りの極み。店主の伊吹憲治《いぶきけんじ》さんは織太夫と旧知の仲で、気心の知れた間柄。織太夫は「まいど！」代わりのブレンドコーヒー、モーニングは玉子トーストのAセットにカフェオレ、夏はミックスジュースが定番だ。

伊吹珈琲店《いぶきこーひーてん》

［日本橋］map P77
大阪府大阪市中央区日本橋1-22-31
☎06-6632-0141
7:00～19:30LO 無休
特製ブレンド珈琲480円

代々受け継がれるソウルフード

初めは甘くてフルーティー。その後、スパイシーな辛味がじわじわと押し寄せるインデアンカレー。この味わいがクセになり、辛さを忘れた頃にまた食べたくなるから不思議である。

創業の地である南店が誕生したのは１９４７年。カレースタンドのはしりといわれ、開店以来メニューはカレーのみという潔さだ。織太夫も四代に渡り通っており、レトロな趣が残るこのカウンターで食べるのが格別だと語る。いつもはルー大盛り、ピクルス大盛りにタマゴ入り。カレーにピクルスを混ぜ込むとほどよい酸味とシャキシャキ感がアクセントに。

インデアンカレー南店《みなみてん》

［難波］map P77
大阪府大阪市中央区難波1-5-20
☎06-6211-7630
11:00～20:00
毎月最終水曜休
インデアンカレー750円、ルー大盛り+200円、ピクルス大盛り+50円、タマゴ入り+50円

いつもの〝晩酌〟セット

ピカピカに磨かれたオープンキッチン。上品で創意に満ちた料理は盛りつけも美しく、その上どれも驚くほど手早く供される。ミナミで創作中華の看板を掲げて約半世紀。せっかちで値打ちにうるさい大阪人に愛されてきた理由が随所に感じられる。

織太夫が頼むのはギョーザ2人前とビールに、キューリ、ピータン豆腐。これが晩酌セットだ。餡が透けるほどの薄皮で包む餃子は、パリッと弾け、肉汁とキャベツの甘みが口いっぱいに。ゲストがいれば、蒸し鶏、ブタ天、空芯菜の炒め物を追加。エビチャーハンで締めるのがテッパンだ。

三国亭《みくにてい》

［日本橋］map P77
大阪府大阪市中央区島之内2-17-6 コア道頓堀1F
☎06-6211-0911
17:00～22:00 水曜休
ギョーザ１人前450円、キューリ300円、ピータン豆腐1,100円、ビール600円

ポン酢で味わう、生姜焼き

大阪人にとってポン酢は欠かせない万能調味料。素材の味を生かしながら旨みを加えられるため、てっちりや水炊きに重宝される。

『とんかつ吉兆』にも、生卵入りのおろしポン酢で食べるヒレかつなどユニークな料理が揃う。なかでも織太夫のお気に入りは豚ロース生姜焼き定食。生姜だれをまとった厚切りロースを自家製ポン酢にちゃぽんと浸せば、あっさりとして、だしの効いたまろやかな酸味が豚の甘みを引き立てる。専門店ならではの、ラードでカリッと揚がったエビクリームコロッケのトッピングを忘れずに！

とんかつ吉兆《きっちょう》

［日本橋］map P77
大阪府大阪市中央区日本橋2-8-16 日本橋レジデンス2F
☎06-6634-1882
11:00〜21:00LO
水曜休
豚ロース生姜焼き定食1,180円、エビクリームコロッケ330円

ぶらあるき 番外編

文楽の名場面はここで起きました

文楽好きなら一度はやっておきたい聖地巡礼。世話物のほとんどは大阪が舞台になっているので、名作のあの場面も実は……身近な場所で起きています。

1
露《つゆの》 天神社《てんじんしゃ》（お初天神）

『曽根崎心中』でお初と徳兵衛が心中した場所。二人は互いの身体を帯で結びつけ、徳兵衛が脇差でお初の喉を刺し、自分の喉をかき切った。

2
大長寺《だいちょうじ》

『心中天網島』の小春と治兵衛が寺近くの水門の上で心中。現在、寺は北へ約５００ｍ移転。境内には愛し合う二人を合葬した墓が。

3
天神橋《てんじんばし》

『心中天網島』にて、死に場所を求めてさまよう小春と治兵衛が通りがかる。橋から北へ行けば治兵衛の紙屋があったが二人は南へ渡る。

4
栴檀木橋《せんだんのきばし》

『女殺油地獄』で与兵衛が金欲しさで姉のように慕う『豊島屋《てしまや》』のお吉《きち》を殺害。逃亡中に通りがかったこの橋の上から凶器を投げ捨てた。

5
本天満町《ほんてんままち》

『女殺油地獄』の舞台となる『河内屋』と『豊島屋』は本天満町の一角にあり、筋向いだったとされる。現住所では伏見町《ふしみまち》１～２丁目あたり。

6
西横堀《にしよこぼり》／米屋町《こめやまち》

『冥途の飛脚』で忠兵衛が堂島へ金を届けに行くはずが、梅川《うめがわ》のいる新町へと足が向き、どうしたものかと周辺で行きつ戻りつを繰り返す。

7
新町遊郭《しんまちゆうかく》

江戸時代の三大遊郭の一つ。『冥途の飛脚』で忠兵衛が通った遊郭。遊女梅川を身請けするため、客の金を自分のものだと偽りばらまいた。

8
堀江相撲場《ほりえすもうば》

大阪で初めて相撲の興行が行われた場所。『双《ふたつ》蝶々《ちょうちょう》曲輪《くるわ》日記《にっき》』で人気力士の濡髪長五郎《ぬれがみのちょうごろう》が格下相手にわざと負けたのもこの付近。

9
高津宮《こうづぐう》

『夏祭浪花鑑《なつまつりなにわかがみ》』の団七九郎兵衛《だんしちくろべえ》がやむなく舅《しゅうと》を殺すそのとき、ちょうど高津宮は夏祭りの宵宮。賑やかなだんじり囃子が響いていた。

10
生國魂神社《いくくにたまじんじゃ》

『曽根崎心中』の冒頭で、お初が大坂三十三所観音巡りで訪れた。ここで故郷の継母から金を取り返してきた徳兵衛とばったり再会する。

11
長町裏《ながまちうら》

『夏祭浪花鑑』で団七九郎兵衛が舅を殺してしまう事件現場。現在の日本橋《にっぽんばし》１丁目～恵美須町《えびすちょう》にかけての堺筋が「長町」と呼ばれていた。

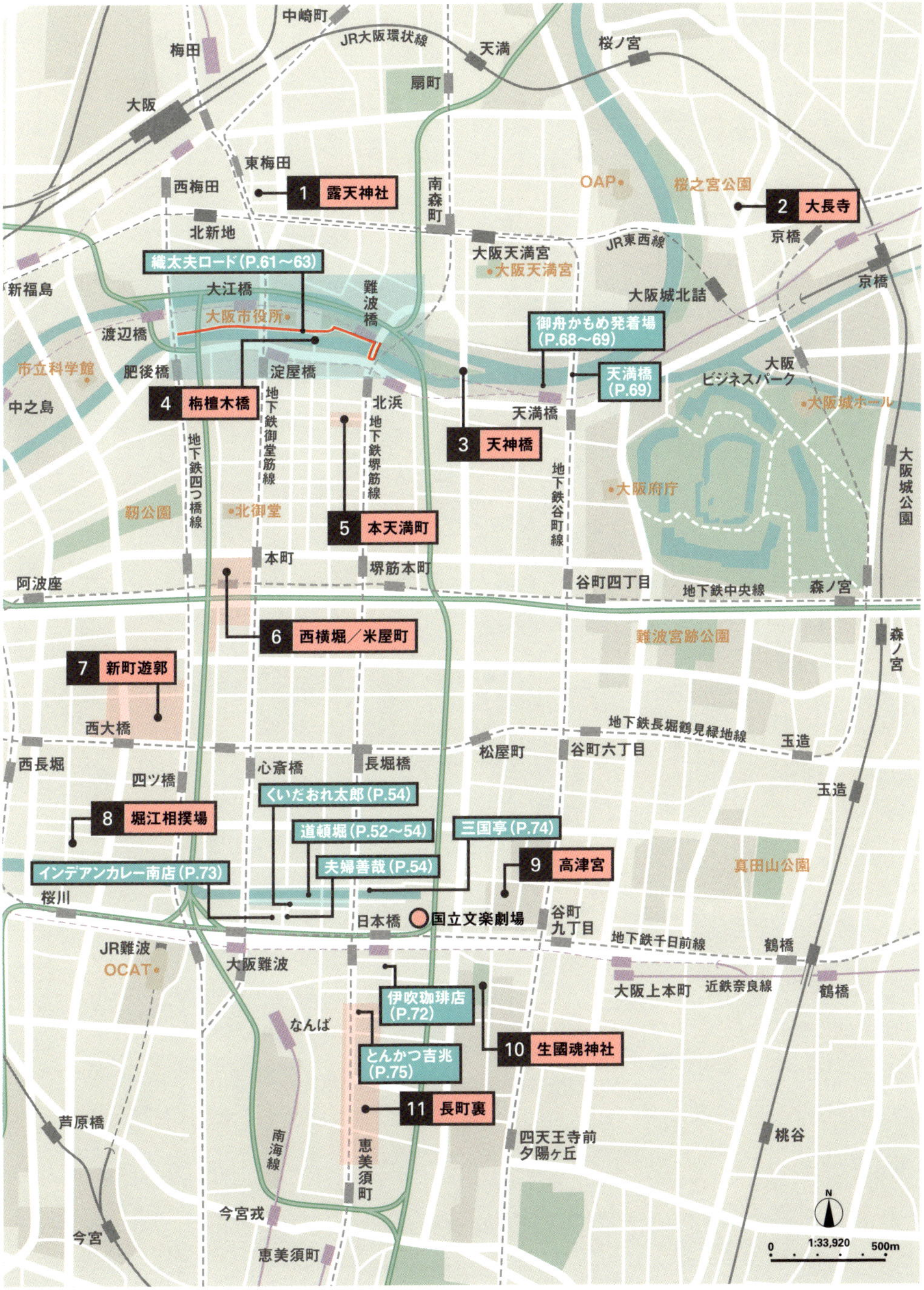
中崎町
JR大阪環状線
梅田
天満
桜ノ宮
扇町
大阪
東梅田
西梅田
1 露天神社
南森町
OAP
桜之宮公園
2 大長寺
北新地
京橋
大阪天満宮
大阪天満宮
JR東西線
織太夫ロード(P.61～63)
大江橋
難波橋
新福島
大阪市役所
大阪城北詰
京橋
渡辺橋
御舟かもめ発着場
(P.68～69)
市立科学館
肥後橋
淀屋橋
天満橋
(P.69)
大阪
ビジネスパーク
中之島
4 栴檀木橋
北浜
天満橋
大阪城ホール
地下鉄御堂筋線
地下鉄堺筋線
3 天神橋
地下鉄四つ橋線
地下鉄谷町線
大阪府庁
大阪城公園
靭公園
北御堂
5 本天満町
本町
堺筋本町
阿波座
谷町四丁目
地下鉄中央線
森ノ宮
6 西横堀／米屋町
難波宮跡公園
森ノ宮
7 新町遊郭
西大橋
地下鉄長堀鶴見緑地線
玉造
松屋町
谷町六丁目
西長堀
心斎橋
長堀橋
四ツ橋
玉造
くいだおれ太郎(P.54)
8 堀江相撲場
道頓堀(P.52～54)
三国亭(P.74)
9 高津宮
インデアンカレー南店(P.73)
夫婦善哉(P.54)
真田山公園
桜川
日本橋
国立文楽劇場
谷町九丁目
地下鉄千日前線
鶴橋
JR難波
OCAT
大阪難波
大阪上本町
近鉄奈良線
鶴橋
伊吹珈琲店
(P.72)
なんば
10 生國魂神社
とんかつ吉兆
(P.75)
11 長町裏
芦原橋
南海線
恵美須町
四天王寺前夕陽ヶ丘
桃谷
今宮戎
今宮
恵美須町
N
0
1:33,920
500m

六代目竹本織太夫が語る

これまでの咲甫太夫と　これからの文楽

国立文楽劇場の近くで生まれ育ち、8歳で文楽の世界に入った竹本織太夫。自身が目指す太夫の姿とは、そして名跡を継ぐこととは――。「豊竹咲甫太夫」として歩んできた半生を振り返りながら、太夫としてのこれからを率直に語ります。

写真提供／森山雅智
（婦人画報二〇一七年十二月号）

竹本織太夫のルーツがある法善寺。その境内の水掛不動尊前に集まったのは、この街と織太夫を愛する地元の皆さん。大阪市立高津小学校では6年生になると文楽の授業があり、織太夫はその講師を務めている。生徒たちの中から未来の技芸員が誕生する日も近い!?

舞台上の太夫に一目惚れ 8歳で人生を左右する決断

太夫になって35年目を迎えます。咲《さき》太《た》夫《ゆう》師匠のところに入門したのは1983年6月。私が8歳のときでした。「豊《とよ》竹《たけ》咲《さき》甫《ほ》太《だ》夫《ゆう》」という名をいただき、10歳で初舞台を踏みました。場所は国立文楽劇場小ホール。『傾《けい》城《せい》阿《あ》波《わ》の鳴《なる》門《と》』のおつるを演じました。

私の家は祖父が三味線の二代目鶴《つる》澤《さわ》道《どう》八《はち》、伯父が鶴澤清《せい》治《じ》。三味線の家系でした。祖父も私を三味線弾きにするつもりで育て、4歳からお琴や三味線、小唄を習い、毎週のように祖父の舞台を聴きに行っていました。しかし、舞台を観ているうち、祖父や伯父の隣で語る太夫に憧れるようになったのです。全身全霊で語る太夫がとてもかっこ良く見えて。でも、その思いはさすがに祖父には言えなかった。7歳で祖父が他界。しばらくして太夫の道に入ることにしました。しかし、のちに祖母がこんな話を教えてくれました。「あんたのおじいさんはあんたを三味線弾きにさせるつもりだったけど、自分も太夫になりたかってん。小さい頃から三味線をやってたけど16歳のとき、師匠に『太夫になりたい』って言ったのよ」と。この話を聞き、自分の決断も間違ってなかったと思いました。

太夫にとって大切なのは、文楽はもちろん、それ以外の芸能も含めて、とにかくいろんなものを観たり聴いたりすることだと思っています。舞台を務めるうえで、物

▲祖父の勧めで4歳からいろんな習い事を始めた。写真は小唄の発表会。こうして舞台人としての素養を身に付けていった。

▲2歳のとき、祖母が経営する『鶴澤旅館』にて。風呂上がりに浴衣を着て、三味線弾きである祖父の前で愛らしい姿を見せる。

語の世界観を深く理解し、登場人物の複雑な心情や喜怒哀楽を〝語り〟で表現するためには、人生経験も必要ですよね。芸も人間性も磨くのが修業です。二十代には二十代の、三十代には三十代の、四十代には四十代の浄瑠璃があります。あらゆることを吸収し、自分の糧にして、その時々の浄瑠璃を語りたいという思いで精進してきました。それはこれからも変わりません。日々稽古を重ねて、精一杯の浄瑠璃を皆さまにお聞かせしたいです。

文楽ののれんを代々守る家系はまるで大阪商人

大阪・道頓堀《どうとんぼり》のそばに法善寺《ほうぜんじ》横丁という場所があります。昔は道頓堀に芝居小屋が立ち並び、この界隈にも『紅梅亭《こうばいてい》』や『金沢亭《かなざわてい》』といった寄席小屋がありました。今は石畳の路地に老舗の割烹や小料理屋が連なる、浪花情緒を感じられる場所。そこに私のルーツがあります。私は、江戸後期から三味線弾きとして活躍した初代鶴澤清六《せいろく》の家筋にあたり、代々継がれてきたその系譜が、実に大阪らしくて興味深いんです。

初代鶴澤清六の娘である、鶴澤きくは法善寺で商いをしていました。きくの生涯の伴侶となったのは、京都から出てきた七代目竹本綱《つな》太夫《ゆう》。以後、五代に渡り、女性が家を継いで婿を取っています。有吉佐和子の『一の糸』（P102）で三味線弾きのモデルになった四代目鶴澤清六も、きくのひ孫にあたる女性と結婚し、東京から婿入り。きくが経営した『カフェーリスボン』の跡地で天ぷら屋『鶴源《つるげん》』を営んでいました。そして、四代目鶴澤清六の後妻の妹と結婚したのが、私の祖父である二代目鶴澤道八。祖父は12歳のとき、三味線弾きになるために岡山から出てきた。聞くところによると、昼は三味線のお稽古、夜は岡持ちとして天丼の配達をしていたそうです。

このように家を継ぐのはすべて女性で、その旦那が文楽の太夫や三味線弾きでした。江戸の武家社会では男系で世襲しますが、大阪の商売人はその逆。たくましい女性たちが家を継ぎ、店ののれんを守るために、優秀な奉公人を婿にする実力主義。ウチの家系はまるで大阪の商売人の系図のよう。現

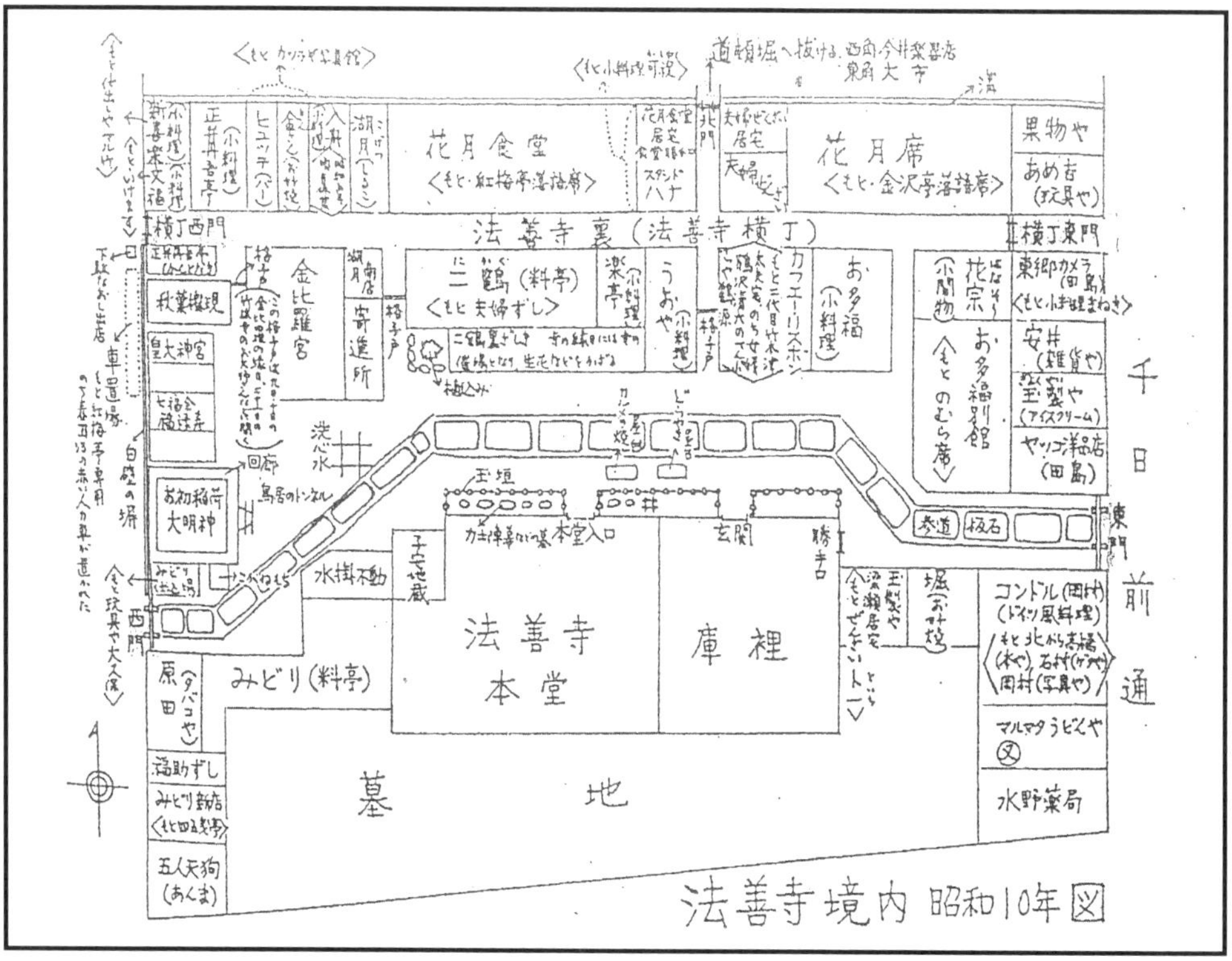

▲道頓堀と法善寺を結ぶ浮世小路に掲げられる、1935年頃の法善寺境内の地図。法善寺裏（法善寺横丁）の筋には『夫婦善哉《めおとぜんざい》』や『湖《こ》月《げつ》』の甘党、『正弁丹吾亭《しょうべんたんごてい》』や『お多福《たふく》』といった小料理屋と並び、鶴澤きくが営む『カフェーリスボン』があった。地図内の注釈には、「もと二代目竹本津太夫（七代目竹本綱太夫）宅、のち女婿鶴澤清六のてんぷらや鶴源」とある。

在まで八代途絶えずに文楽ののれんを守ってきてもらったことを考えると感慨深く、改めて身の引き締まる思いです。

織太夫を襲名する意味 そして見据える先には

もう一つ、私が守るべきのれんがあります。六代目竹本織太夫という名跡です。「竹本織太夫」の名は代々、竹本綱太夫の前名になっています。二代目竹本綱太夫の家業が織物業だったことから、織太夫と名づけられました。代々の芸風は、「織太夫みたいな浄瑠璃を語ってたら長生きできへんぞ」と同業者が言うほど、全身全霊で命懸け。事実、代々の織太夫は若くに亡くなっています。私には大切にしている言葉が二つあります。一つは物理学者のアルベルト・アインシュタインが息子への手紙に綴った「人生は自転車だ。倒れたくなければ走り続けよ」。もう一つはインド独立の父といわれるマハトマ・ガンジーの「明日死ぬかのように生きなさい。永遠に生きるかのように学びなさい」。奇しくもこれらは織太夫スピリットに呼応する名言(笑)。この名跡を継ぐことに多生の縁を感じます。そして何より、八代目竹本綱太夫(四代目竹本織太夫)の五十回忌追善興行で襲名することに、大きな意味があると思っています。

八代目竹本綱太夫は昭和を代表する名太夫。いくつもの輝かしい功績を残しています。江戸時代に上演が禁止された『曽根崎《そねざき》心中《しんじゅう》』をはじめ、『心中《しんじゅう》天《てんの》網島《あみじま》』『女《おんな》殺《ころし》油《あぶらの》地獄《じごく》』の復活に貢献しました。太夫の襲名とは、大阪でいうところの、のれんを継ぐこと。織太夫の芸を守らなければなりません。もし自分の個性を出したければ、襲名せずにいればいいのです。八代目竹本綱太夫は私の恩師であり、咲太夫師匠の父。師匠がこのタイミングで名を託してくださった。ワシの目が黒いうちに綱太夫の芸を勉強せえよ、精進せえよと言われているのだと思います。

八代目も私も大阪の生まれ育ち。例えば『夏祭《なつまつり》浪花《なにわ》鑑《かがみ》』(P23)の長町裏の段。高津宮《こうづぐう》の近くで、団《だん》七九郎兵衛《しちくろべえ》が義父を殺める場面。私自身、子どもの頃から高津宮の夏祭りに行っているから、あの蒸し暑さが分かります。殺気立つ湿度と暑さ。そういう街の匂いを肌で理解できることは大阪の芝居である文楽に適した部分であり、八代目との共通点だと思います。

この名跡を継げば、代々と比べられるし、もちろん自分も意識します。これから毎日の舞台が私の決意表明の場になります。残りの人生がどれだけあるか分かりませんが、八代目竹本綱太夫が遺したものを一つでも多く受け継ぎ、後進に残すことが私の使命だと思っています。

たけもと・おりたゆう

1975年、大阪・西心斎橋に生まれる。祖父は文楽三味線の二代目鶴澤道八、伯父は鶴澤清治、実弟は鶴澤清馗《せいき》。NHK Eテレの『にほんごであそぼ』にレギュラー出演するなど、文楽の魅力を幅広く発信する。2011年、第28回咲くやこの花賞、2013年、第34回松尾芸能賞新人賞、平成25年度大阪文化祭賞グランプリ受賞。

六代目竹本織太夫系図

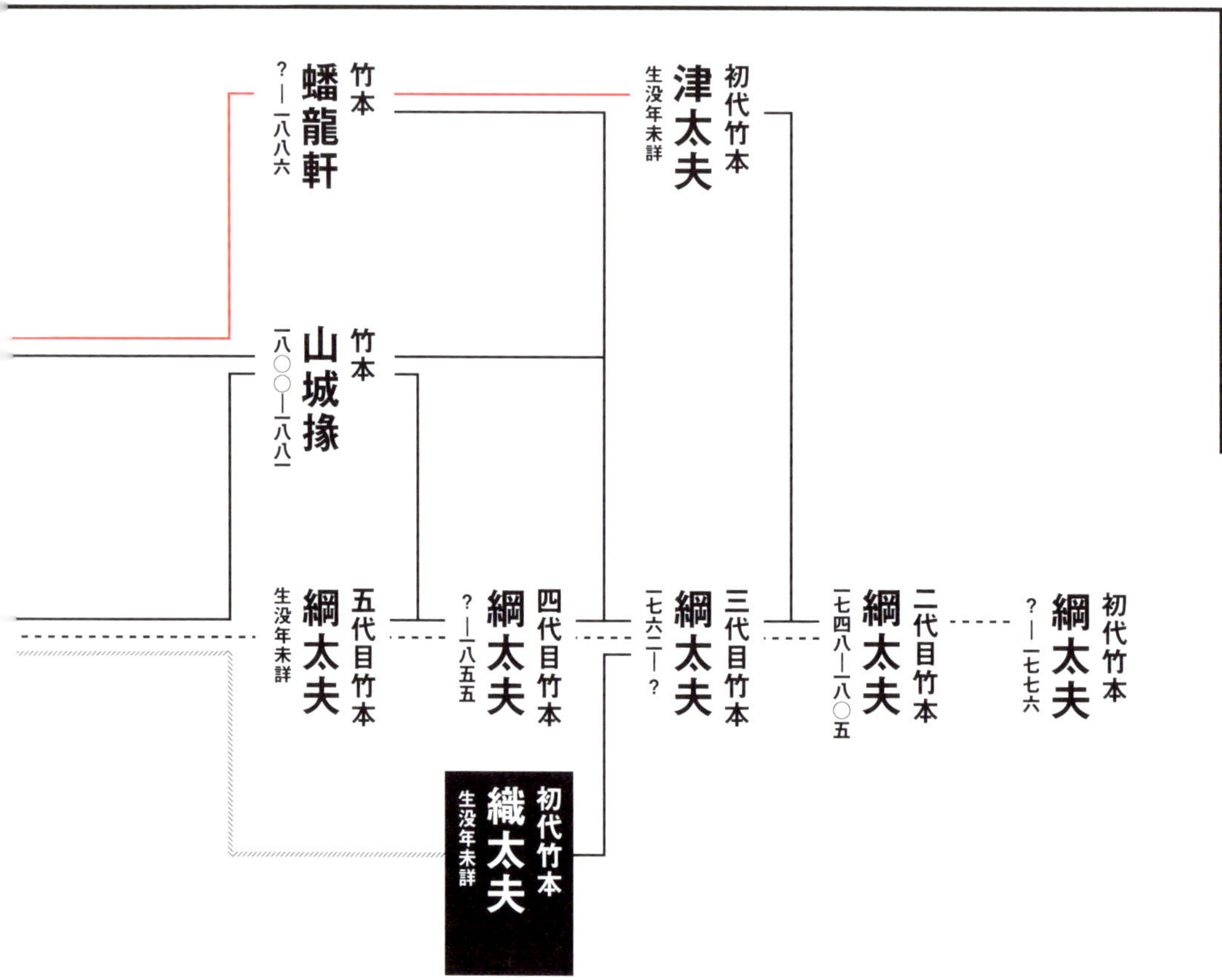
初代竹本
綱太夫
？―一七七六
二代目竹本
綱太夫
一七四八―一八〇五
初代竹本
津太夫
生没年未詳
三代目竹本
綱太夫
一七六二―？
竹本
蟠龍軒
？―一八八六
竹本
山城掾
一八〇〇―一八八一
四代目竹本
綱太夫
？―一八五五
五代目竹本
綱太夫
生没年未詳
初代竹本
織太夫
生没年未詳

芸脈

初代竹本綱太夫は義太夫節の創始者である竹本義太夫からの直系。焼失した竹本座を１７６９年に再興した立役者だった。初代の竹本織太夫は三代目綱太夫の門弟。以後、二代目、四代目、五代目の織太夫がのちに綱太夫を襲名していることからも、織太夫が綱太夫の前名だったことがうかがい知れる。

綱太夫の語りは代々「綱太夫風」といい、浄瑠璃は陰気に語り、三味線はそれを引き立てるように派手に弾くのが特徴。代々の綱太夫の得意演目は「綱太夫場」と呼ばれ、その代表として知られるのが『艶容《はですがた》女舞《おんなまい》衣《ぎぬ》』の酒屋の段。織太夫、綱太夫とともに２００年以上途切れることなく継承されてきた名跡である。

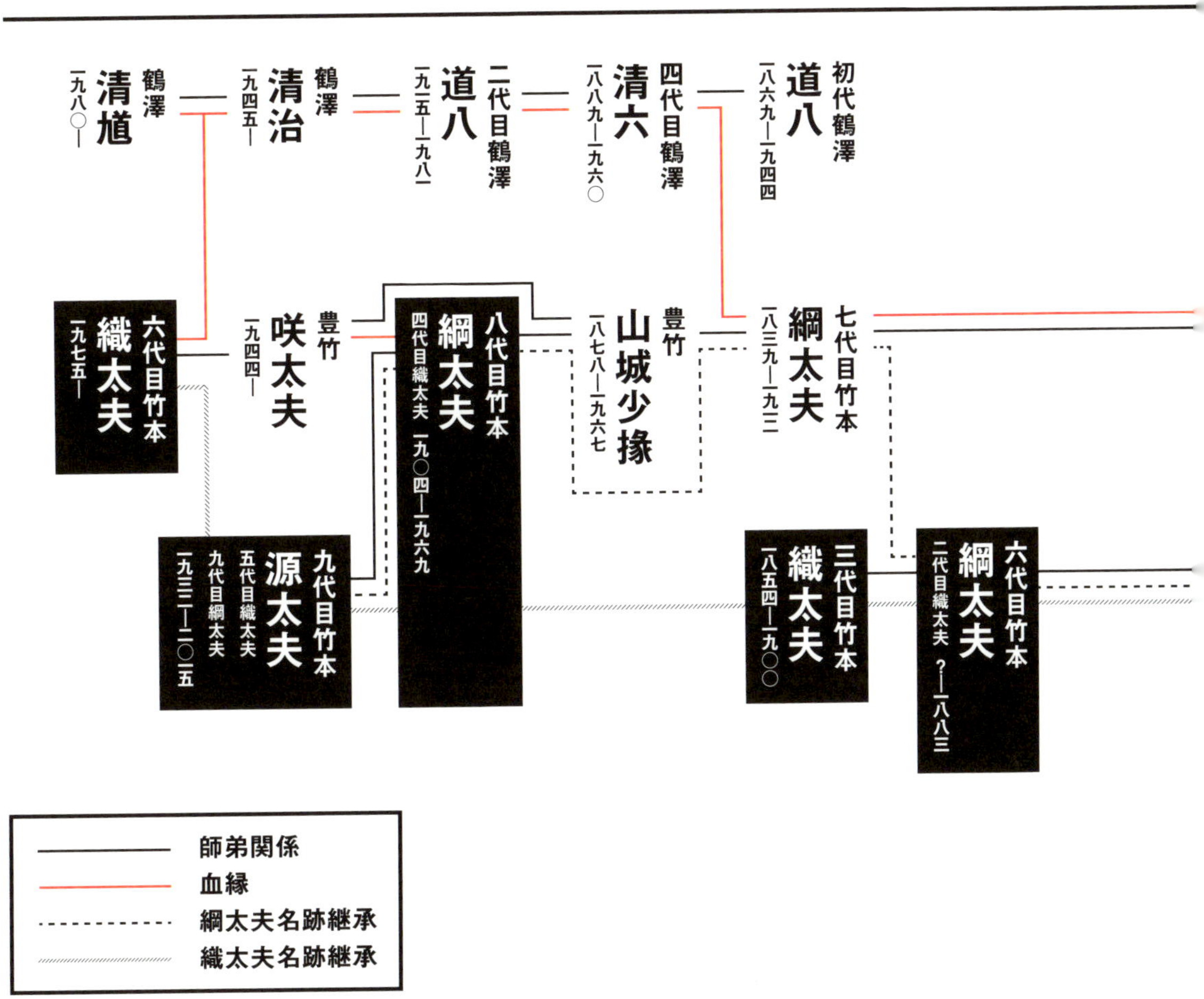

初代鶴澤
道八
一八六九―一九四四
四代目鶴澤
清六
一八八九―一九六〇
二代目鶴澤
道八
一九一五―一九八一
鶴澤
清治
一九四五―
鶴澤
清馗
一九八〇―
七代目竹本
綱太夫
一八三九―一九一二
豊竹
山城少掾
一八七八―一九六七
八代目竹本
綱太夫
四代目織太夫　一九〇四―一九六九
豊竹
咲太夫
一九四四―
六代目竹本
織太夫
一九七五―
九代目竹本
源太夫
五代目織太夫
九代目綱太夫
一九三二―二〇一五
三代目竹本
織太夫
一八五四―一九〇〇
六代目竹本
綱太夫
二代目織太夫　?―一八八三
師弟関係
血縁
綱太夫名跡継承
織太夫名跡継承

血脈

初代鶴澤清六を始まりとし、その娘の鶴澤きくと一緒になったのが、通称「法善寺」といわれる七代目竹本綱太夫。有吉佐和子の名著『一の糸』で描かれる〝露沢《つゆざわ》清太郎《せいたろう》〟のモデル、四代目鶴澤清六は、きくのひ孫と結婚して清六家を継いだ。（女性とはのちに死別）。四代目清六の後妻となる静《しずか》の妹と結婚したのが、織太夫の祖父である二代目鶴澤道八だった。初代清六家から数えること五代。娘が家を継ぎ、文楽の太夫や三味線が清六家に入り、芸を守った。つまり、六代目竹本織太夫は、三味線の祖父と伯父を持ちながらにして、太夫の家筋に生まれついたとも言えるのだ。織太夫の実弟は、現在文楽の三味線で活躍する鶴澤清馗。

観劇に役立つ江戸時代の常識

江戸時代における常識は今とはまったく異なっていました。お金、時間、単位など生活に密着しているものだからこそ、現代との違いを知ることができ、当時の庶民感覚をよく理解できます。

『浪花名所図会《なにわめいしょずえ》』の順慶町夜見世《じゅんけいまちよみせ》の図からは当時の暮らしぶりが伺える。大阪府立中之島図書館所蔵

常識❶ お金

うどんは一杯いくらで食べられた？

金銀銭、3種の貨幣が同時に流通していた

借金や金銭トラブルが原因で心中したり殺人を犯したり……。今も昔もお金が人間関係に与える影響は大きい。文楽で描かれるお金の価値が、現在でいうとどれほどの額なのか。江戸時代の貨幣価値や庶民の金銭感覚が分かれば、登場人物たちの気持ちがよりリアルに迫ってくる。

江戸時代には金貨、銀貨、銭《せん》貨《か》の3種の貨幣が同時に流通していた。三貨間の交換比率は、幕府が定める相場はあったが、あくまでも目安。実際はその時々の価値に応じて比率が変わる変動相場制だった。現代で円とドル、ユーロの相場が毎日変わっているのと同じような感覚だ。

金貨の単位には「両《りょう》」「分《ぶ》」「朱《しゅ》」があり、1朱金4枚で1分、1分金4枚で1両（小判1枚）といったように、枚数で価値を決める計数貨幣だった。千円札10枚＝1万円という現代と同じ考え方だ。

しかし、銀貨はそれと違い、重さがお金の価値を測る基準になっていた。「貫《かん》」「匁《もんめ》」「分《ふん》」の単位があり、銀貨の重さ10分が1匁、重さ1000匁が1貫。銀貨を使うたびに天秤などで重

江戸中期の金銀銭相場

金1両

枚数で価値を決める計数貨幣。小判1枚＝一分金4枚＝一朱金16枚。商人や大名への支払いに使用され、主に江戸で流通した。写真は1695年から通用開始された元禄《げんろく》小判で、金の含有率は約57%。

＝

銀60匁

重さにより額を計算する。少額の支払いやおつりには丁銀を切って重さを調整した。江戸中期以降は一分銀など計数貨幣も流通。主に上方で流通した。写真は元禄丁《ちょう》銀《ぎん》、小粒の二枚は元禄豆板銀《まめいたぎん》。

＝

銭4,000文

金貨と同様に、枚数で価値を数える計数貨幣。銭貨1貫=1,000文。主に一般庶民が日常的に使用した貨幣。写真の銭緡は一文銭96枚を紐に通したもの。4銭は手数料とし、これで100文とする慣習があった。

資料提供／日本銀行金融研究所貨幣博物館

さを量っていたようだ。おつりを渡す際は銀の板を切り、豆粒のような銀で額を合わせていた。同じ重さの銀が同じ価値になる。物理としては当然のことだが、現代のお金の捉え方とはかなり異なっている。

銭貨は金貨と同じく計数貨幣。単位は「貫《かん》」と「文《もん》」で、1000文＝1貫。ちなみに当時は、96文を紐に通した銭緡《ぜにさし》が、100文として一般的に通用していた。4文は銭緡を作る手数料であったといわれている。

当時の物価を計算して金銭感覚を比較してみる

では、金1両は現在でいうとどれくらいの価値か。その計算は難しい。江戸時代といっても約265年の期間があり、初期・中期・後期では物価が異なるからだ。例えば、江戸初期は金1両＝銀50匁＝銭4000文だったが、後期には銀や銭の価値が下落し、金1両＝銀60匁＝銭6500文近くになった。

また、当時と現在では経済や社会の状況が違うため、お金の価値を単純化して比べることは困難を極める。そこで、米1石（150kg）＝1両として、現在の価格（米5kg＝2000円）に合わせておおよその計算をしてみると、1両＝約6万円となる。江戸中期の場合、銀1匁1000円、銭1文15円となり、うどん1杯16文＝240円、菜種油1合40文＝600円、東海道で駕籠《かご》に乗った場合、4里（約16km）600文＝9000円になる。しかし基準にするモノや計算方法によっては、金1両が2～3万円という説や30万円の説もある。

物価の目安

うどん1杯 16文

今と変わらず、江戸時代の大坂でもうどんは庶民のソウルフード。屋台でも気軽に食べられたようだ。上方落語に『時うどん』という有名な噺がある。その中でも屋台のうどん一杯は16文と描かれている。

菜種油 1合 40文

照明やろうそく、ランプもない江戸時代、油は灯火用として貴重品だった。菜種油は植物性のため匂いも少なく、明るいと評判だったが、庶民にとっては米の2〜4倍と高額で高級品だった。

駕籠 4里600文（東海道）

江戸時代に普及した乗り物。いわば人力のタクシー。東海道で駕籠に乗る場合、4里600文が相場といわれる。基本的に客との交渉で値段が決まっていた。庶民にとっては贅沢な乗り物だった。

イラスト／三宅 瑠人

常識❷ 時間

ビジネスマンは日の出前に出発していた

江戸時代の24H

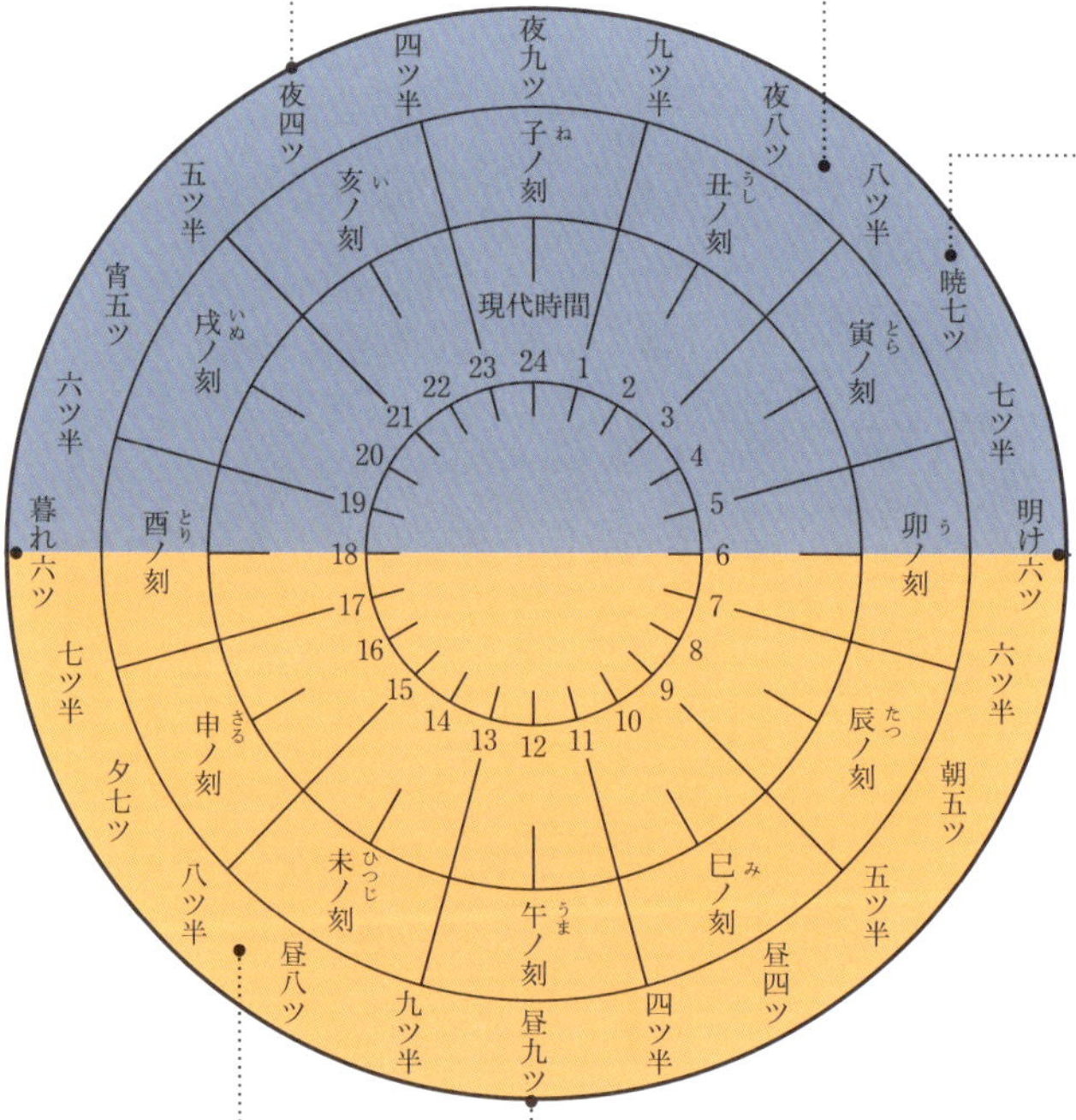

【夜四ツ】
『冥途の飛脚』にて描かれる、新町遊郭の大門が閉まる時間。

【丑三《うしみ》つ時《どき》】
丑ノ刻を4つに分けた3番目の時間帯を指す。午前2時〜2時30分。

【暁七ツ】
出張の旅立ちは午前4時が定番。「七ツ立ち」と呼んだ。

【暮れ六ツ】
この時間から約30分前が日没。ここから夜の時間帯となる。

【明け六ツ】
日の出の約30分前の時間。ここから昼の時間帯となる。

【お八ツ】
午後2〜4時。この時間に間食していたのが「おやつ」の由来。

【昼九ツ】
昼12時を正午と呼ぶのは、午ノ刻の真ん中に当たるから。

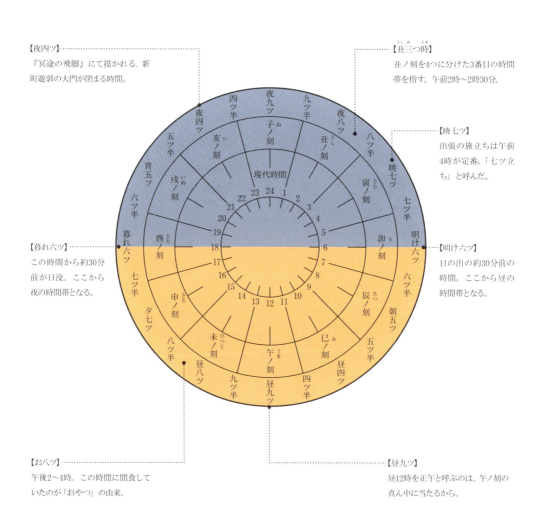

まったく違う時間の感覚 生活リズムは30分刻み？

怪談などで「草木も眠る丑三つ時」という言葉を聞いたことのある人も多いのでは。「丑三つ時」とは江戸時代の時刻の呼び方で、深夜2時〜2時半頃。江戸時代、日本には現在の2時間分にあたる「一刻《いっとき》」という時間の単位があった。一日を12等分し、子ノ刻、丑ノ刻、寅ノ刻……と十二支を当てて表した。一刻を2つに区切り、初めの1時間を「初刻《しょこく》」、後の1時間を「正刻《しょうこく》」とし、さらにそれを半分に分けた。つまり一刻は30分ごとの4つに区切られていた。「丑三つ時」は丑ノ刻＝午前1時〜3時の3つ目、すなわち午前2時〜2時半頃となる。昼12時は、午ノ刻の正刻。現在でも「正午」と呼ぶのはこの名残だ。

江戸市中の9カ所に時間を知らせる鐘が設置され、次第に、鐘を打つ回数で時刻を表すように変化した。一日を昼と夜で区切り、基準になるのは「明け六ツ」「暮れ六ツ」という時刻。明け六ツは日の出の約30分前のこと。そろそろ起きようと準備していれば日が昇る感覚だろうか。逆に、暮れ六ツは日没後に真っ暗になって灯りが必要になる頃。この明け六ツから暮れ六ツまでを昼、暮れ六ツから明け六ツまでを夜とし、その時間を6等分して、それぞれを一刻とした。明け六ツの次が朝五ツ、次は昼四ツ……というふうに、一刻ごとに数字が減っていくが、昼四ツの次は突然、昼九ツになる。理由は諸説あるが、陰陽道において陽とされる奇数の中で、一番強い「九」が選ばれたのではないかといわれている。

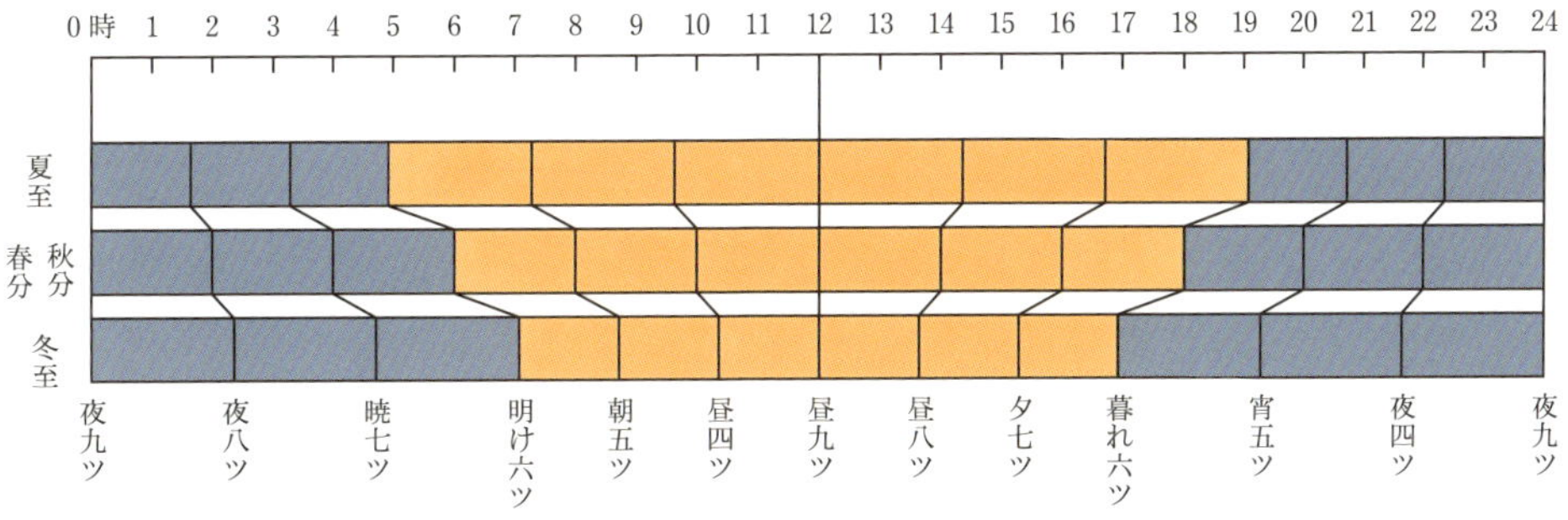

江戸時代の不定時法

昼の明るさを活用するため サマータイム制を導入

電気のない江戸時代は昼の明るさを有効に使うため、太陽に生活を合わせていた。現在のように時刻は常に定まっておらず、季節によって変わる日の出と日没を基準にした不定時法だった。ゆえに、一刻の長さは毎日変わっていき、昼の一刻と夜の一刻とでもずいぶん長さが違ってくる。しかしそれは当時の人々の生活にとって何の不便にもならなかった。太陽とともに起きて日が沈めば眠るという自然なサイクルで暮らしていたからだろう。例えば、待ち合わせも「さっき鐘を聞いたから、今は九ツ半ぐらいかな」とおおざっぱに分かったようだ。分刻みですべてが進む現代人には、なかなか信じがたい感覚だ。

常識❸ 長さ 重さ 体積

日本酒の注文の仕方は今も昔も1合2合

「1尺」という長さは時代や地域、業界で違った

現代ではcmやkgといった国際基準の計量単位を使っている。しかし、江戸時代の計測・計量単位は、1966年に計量法がメートル法に全面統一されるまで使われていた。約50年前と思えば、意外と最近のことだ。現在でも「坪《つぼ》」や「畳《じょう》」、「合《ごう》」など、生活に溶け込んでいる江戸時代の単位は少なくない。

日本には古来中国から伝わった尺貫法という計量方法があり、基本単位として、長さは尺《しゃく》、重さは貫《かん》、面積に歩《ぶ》・坪、体積に升《しょう》を使用していた。江戸時代、幕府により統一されていたのは量（体積）と衡（重さ）のみで、度（長さ）については放任されていた。そのため、業界ごとに独自の単位が使われており、例えば、呉服業界では鯨尺《くじらじゃく》という尺度があった。着物を仕立てるときに身丈や袖丈などのサイズを測る単位で、メートル法で表すと複雑な数値になることから、今も呉服業界では鯨尺が採用されている。

時代や地域によって1尺の長さはバラバラだったが、その中で唯一、ほとんど変わらなかったのが曲尺《かねじゃく》だった。曲尺とは建

長さ

江戸時代の土俵は直径13尺(3.94m)。大人二人が手を伸ばした長さを半径にしたとされる。1931年から15尺(4.55m)に移行。

1寸≒3.0303cm
1尺＝10寸≒30.303cm
1間＝6尺≒1.8182m
1町＝60間≒109.09m
1里＝36町≒3.927km

イラスト／三宅 瑠人

築の職人が寸法を測るための基準。のちに明治政府が1875年に度量衡条例を発布して1尺の基準を定める際、この曲尺の長さを参考に、1尺＝33分の10m（30・3030……㎝）と決められた。

時代を超えて 暮らしの中で生きる単位

次に重さ。単位は匁《もんめ》、斤《きん》、貫。匁は、尺と違って大きな変化をしないまま、長い間使われていた単位である。1959年、計量法の施行によって商取引での使用を禁止されるまで、野菜などを量り売りする際には匁が使われていた。1959年以降、匁という単位は実質的に消えることになるが、実は今でも、とても身近に1匁の重さのものを使っている。5円硬貨だ。5円硬貨の重さは1匁（約3・75g）。しかもこの重さは、江戸時代に広く流通していた寛永《かんえい》通宝《つうほう》の一文銭とも同じ。さらに、約1400年前、唐の時代の中国で発行した開元通宝《かいげんつうほう》という銅銭とも同じ重さなのである。

体積の単位が、現代の日常に最も生きているといえる。油の一斗缶、3合の米、一升瓶……といったように、特に昔の単位と意識せず使っている。多くの人が日本酒は1合2合と注文するだろう。なぜ他に比べて体積の単位が現代まで受け継がれているのか、理由は定かでない。しかし、そもそも単位は、人の体の大きさや、日常的な量が基準となって作られる。そのため、たとえ法律で禁じられたとしても、家や食事など体感としての単位はなかなか消えなかったのかもしれない。

体積

一升瓶の体積は1升

お酒好きには馴染み深い一升瓶（1.8L）。徳利で一般的な1合は約180ml。日本酒は今でも1合単位で飲む場合が多い。

1合≒180.39mℓ
1升＝10合≒1.8039ℓ
1斗＝10升≒18.039ℓ
1石＝10斗≒180.39ℓ

重さ

五円玉の重さは1匁

五円玉は、寛永通宝の一文銭を意識して作られたといわれる。唐の開元通宝も同じく、すべて1匁で、穴が開いている。

1匁＝3.75g
1斤＝160匁＝600g
1貫＝1,000匁＝3.75kg

常識❹ 旧国名 五畿七道

大阪は三つの国に分かれていた

江戸時代の日本地図

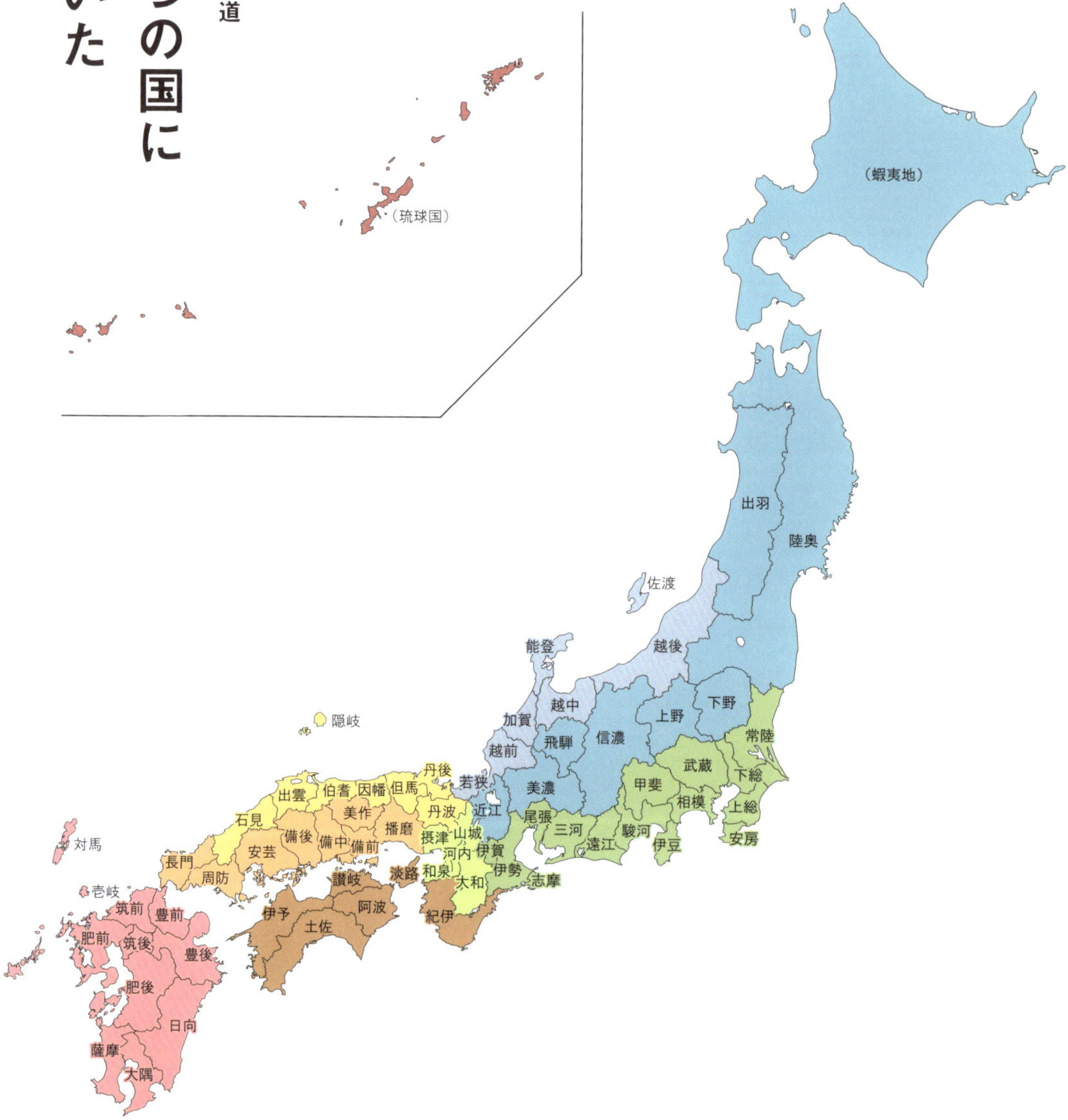
（琉球国）
（蝦夷地）
出羽
陸奥
佐渡
越後
能登
越中
下野
上野
加賀
飛騨
信濃
常陸
越前
武蔵
下総
若狭
美濃
甲斐
相模
上総
近江
尾張
三河
駿河
遠江
伊豆
安房
隠岐
丹後
出雲
伯耆
因幡
但馬
丹波
美作
石見
播磨
備後
備中
備前
摂津
山城
安芸
河内
伊賀
伊勢
長門
周防
淡路
和泉
大和
志摩
讃岐
阿波
伊予
土佐
紀伊
対馬
壱岐
筑前
豊前
肥前
筑後
豊後
肥後
日向
薩摩
大隅

今の日本は47都道府県 江戸時代は66国2島

『心中宵庚申《しんじゅうよいごうしん》』で嫁が追い返されたのは山城《やましろ》の実家、『桂川《かつらがわ》連理柵《れんりのしがらみ》』の帯屋《おびや》長《ちょう》右衛門《えもん》が出入りしていたのは遠州《えんしゅう》（遠江《とおとうみ》）の大名屋敷。このように、旧国名は文楽で頻繁に登場する用語の一つ。当時は、現在の47都道府県と名称や区分が違っていた。

47都道府県は1874年の廃藩置県をきっかけに、1947年に正式に決められたもの。江戸時代は、古代の律令制をもとにした「五畿七道」という行政区分が用いられていた。都のあった大和《やまと》をはじめとして、山城、河内《かわち》、摂津《せっつ》、和泉《いずみ》の5国を畿内《きない》とし、それ以外を東山道《とうさんどう》・東海《とうかい》道《どう》・北陸道《ほくりくどう》・山陽道《さんようどう》・山陰道《さんいんどう》・南海《なんかい》道《どう》・西海道《さいかいどう》の7道に区分。さらにそれが66国2島（対馬《つしま》・壱岐《いき》）に細分化されていた。

現在の大阪府は、河内、和泉、摂津の3国から成り立っていた。実は、この3つの国は明治時代に至るまであまり交流がなく、中心とする産業や文化、国民性も国ごとに異なっていた。言葉もそれぞれの国で色があり、今でも「河内弁」や「泉州《せんしゅう》（和泉）弁」というふうに区別されることがあるのはその名残だろう。

七道の一つである東海道は、地域区画としての意味のほかに、江戸時代の五街道の一つとして東西交通の重要な幹線道路でもあった。江戸の日本橋から京都の三条大橋に至る約492kmの道には、武蔵《むさし》、尾張《おわり》、伊勢《いせ》、近江《おうみ》、山城などの国々を通り、53の宿場町があった。『桂川連理柵』で禁断のワンナイトラブが起きたのは石部《いしべ》宿。江戸から51番目の宿場町でのことだった。

五畿七道 旧国名 都道府県対照表

区分	旧国名		都道府県
東山道	（蝦夷地）	えぞち	北海道
	陸奥	むつ	青森 岩手 宮城 福島
	出羽	でわ	秋田 山形
	下野	しもつけ	栃木
	上野	こうずけ	群馬
	信濃	しなの	長野
	飛騨	ひだ	岐阜
	美濃	みの	
	近江	おうみ	滋賀
北陸道	越後	えちご	新潟
	佐渡	さど	
	越中	えっちゅう	富山
	能登	のと	石川
	加賀	かが	
	越前	えちぜん	福井
	若狭	わかさ	
東海道	常陸	ひたち	茨城
	下総	しもうさ	
	上総	かずさ	千葉
	安房	あわ	
	武蔵	むさし	埼玉 東京
	相模	さがみ	神奈川
	甲斐	かい	山梨
	伊豆	いず	（東京）
	駿河	するが	静岡
	遠江	とおとうみ	
	三河	みかわ	愛知
	尾張	おわり	
	伊賀	いが	三重
	伊勢	いせ	
	志摩	しま	
畿内	山城	やましろ	京都
	大和	やまと	奈良
	河内	かわち	大阪
	和泉	いずみ	
	摂津	せっつ	
山陰道	但馬	たじま	兵庫
	丹波	たんば	
	丹後	たんご	（京都）
	因幡	いなば	鳥取
	伯耆	ほうき	
	隠岐	おき	島根
	出雲	いずも	
	石見	いわみ	
山陽道	播磨	はりま	（兵庫）
	美作	みまさか	岡山
	備前	びぜん	
	備中	びっちゅう	
	備後	びんご	広島
	安芸	あき	
	周防	すおう	山口
	長門	ながと	
南海道	紀伊	きい	（三重） 和歌山
	淡路	あわじ	（兵庫）
	讃岐	さぬき	香川
	伊予	いよ	愛媛
	阿波	あわ	徳島
	土佐	とさ	高知
西海道	筑前	ちくぜん	福岡
	筑後	ちくご	
	豊前	ぶぜん	
	豊後	ぶんご	大分
	肥前	ひぜん	佐賀
	壱岐	いき	長崎
	対馬	つしま	
	肥後	ひご	熊本
	日向	ひゅうが	宮崎
	大隅	おおすみ	鹿児島
	薩摩	さつま	
	（琉球国）	りゅうきゅうこく	沖縄

常識❺ 暦 二十四節気

昔の人々は五日おきに季節を感じていた

知っているようで知らない新暦と旧暦の違い

私たちが現在カレンダーで確認している1月、2月、3月といった1年の日付は新暦と呼ばれるもの。国際基準の太陽暦をもとに作成されており、地球が太陽のまわりをひと回りする期間（約365日）を1年と数えて、12カ月に日付を振り分けている。ゆえに、毎年季節と暦の日付は常に一定となっている。

対して、江戸時代に使われていた旧暦は、太陰太陽暦をもとにしている。太陰暦とは、月の満ち欠けで一カ月を数える暦。新月から満月を経て、次の新月になるまでの期間を1カ月とし、それを12回繰り返すと1年になるという考え。しかしそれでは1年の長さが約354日となり、暦と季節がズレていってしまう。それを防ぐため、閏《うるう》月を設けて、太陰暦と太陽暦を組み合わせたのが太陰太陽暦という考え方。中国から伝わって以来何度かの改暦を行いながら、1872年までの長い期間、旧暦は日本の正式な暦として使われていた。正月や桃の節句といった年中行事は、本来は旧暦で行われていたため、現在の季節感と多少のズレが生じている。

日本人の季節に対する感性は驚くほど豊かだった

太陰太陽暦の閏月を設ける基準として取り入れられたのが二十四節気《にじゅうしせっき》である。二十四節気とは、1年を24等分した季節の区切りのこと。太陽の動きをもとに成り立っており、まず冬至と夏至で2等分、次に春分と秋分で4等分、それぞれの中間に立春、立夏、立秋、立冬と分け、さらにそれを3等分している。二十四節気は、節気の間隔が一定で、毎年ほとんど同じ時期に同じ節気がめぐってくる。半月ごとの季節変化に対応しているので、農業が中心だった江戸時代の人々にとって、種まきや収穫時期の目安を知るよりどころとなっていた。節気には、天候や生き物の様子を表す名前が付けられ、今でも時候のあいさつなどに使われている。

二十四節気をさらに3つに細かく分けて、一年を72に振り分けるのが七十二候《しちじゅうにこう》。約5日ごとの、動物や植物、天候の変化を知らせている。「東風解凍《こちこおりをとく》」や「桜始開《さくらはじめてひらく》」といったように、短い文で、繊細な季節の移ろいを表現している。昔の人々の自然に対する感性や観察眼は鋭く、季節の移り変わりを5日ごとに感じていたのだ。

春は桜、秋には紅葉を見て楽しみ、魚や果物など旬の味覚を味わう。季節をしみじみと感じられる瞬間は、「四季のある日本に生まれて良かった」と思うひとときではないだろうか。二十四節気や七十二候を知れば、かつて昔の人々がそうしていたように、四季の移ろいに対してより豊かで細やかな視点を持つことができるかもしれない。

新暦・二十四節気の比較表

月	新暦	二十四節気の四季						
1月	冬	冬	1/5頃	小寒《しょうかん》	「寒の入り」を迎え、さらに寒さが厳しくなる頃	1/20頃	大寒《だいかん》	一年でいちばん寒さが厳しくなる頃
2月			2/4頃	立春《りっしゅん》	梅の花が咲き始め、春の兆しが感じられる頃	2/18頃	雨水《うすい》	雪が雨へと変わり、雪解けが始まる頃
3月		春	3/5頃	啓蟄《けいちつ》	土の中で冬ごもりしていた虫たちが目覚める頃	3/21頃	春分《しゅんぶん》	昼と夜の長さが等しくなり、本格的な春となる
4月	春		4/4頃	清明《せいめい》	すべてのものが清らかで生き生きとする頃	4/20頃	穀雨《こくう》	穀物に天からの贈り物の雨がしっとり降り注ぐ頃
5月			5/5頃	立夏《りっか》	爽やかな風が吹き、美しい緑が生い茂る頃	5/21頃	小満《しょうまん》	太陽の光を浴び、生命がすくすくと成長する頃
6月		夏	6/5頃	芒種《ぼうしゅ》	稲や麦など、穂の出る植物の種を蒔く頃	6/21頃	夏至《げし》	一年でいちばん日が長く、夜が短くなる日
7月	夏		7/7頃	小暑《しょうしょ》	蝉が鳴き始め、本格的に暑くなる頃	7/23頃	大暑《たいしょ》	一年でもっとも暑さが厳しく感じられる頃
8月			8/7頃	立秋《りっしゅう》	秋の始まり。季節の挨拶も残暑見舞いに変わる	8/23頃	処暑《しょしょ》	朝夕には涼しい風が吹き、心地よい虫の声が聞こえる頃
9月		秋	9/7頃	白露《はくろ》	夜中に大気が冷え、草花に朝露が宿る頃	9/23頃	秋分《しゅうぶん》	昼と夜の長さが同じになる日。次第に秋が深まる
10月	秋		10/8頃	寒露《かんろ》	夜が長くなり、露が冷たく感じる頃	10/23頃	霜降《そうこう》	北国や山里では霜が降り始める頃
11月		冬	11/7頃	立冬《りっとう》	木枯らしが吹き、初雪の知らせが聞こえる頃	11/22頃	小雪《しょうせつ》	雪が降り始める頃。お歳暮の準備をする時期
12月	冬		12/7頃	大雪《たいせつ》	大粒の雪が降り始める頃。本格的な冬の訪れ	12/22頃	冬至《とうじ》	一年でもっとも昼が短く、夜が長い日

常識❻ 十干十二支

還暦を祝うのは干支が60通りあるから

年賀状のキャラではない干支はスーパーツール

　年賀状や初詣の授与品のモチーフに欠かせない干支。厳密には「十二支」といい、子、丑、寅といった12種類の動物を年に当てはめている。だが、もともと十二支は中国から伝わった、数を表わすもの。年だけでなく、月や日付、時刻（P90を参照）を表すために使われていた。さらに、下図のように方角を示す言葉としても使われていた。

　では、干支とは何かというと、十干と十二支を組み合わせた言葉。十干とは、甲、乙、丙という数を表す言葉で、十二支と同じく中国から伝わったもの。10通りの十干と12通りの十二支を「甲子《きのえね》」「乙丑《きのとうし》」「丙寅《ひのえとら》」……のように順番に組み合わせていくと、60で一回りする。これを年や日にちに当てはめ、「癸巳《みずのとみ》の年」や「丁酉《ひのととり》の日」のように、年や日の呼び名に使った。満60歳を「還暦」と呼ぶのも、生まれた年の干支が再び巡ってくる年＝「暦（干支）が還る（戻る）」ためだ。赤いチャンチャンコを贈るのは、再び赤子として生まれ変わるという意味があるとか。他にも、干支が由来になっている言葉は身近にある。

十二支で表す方角

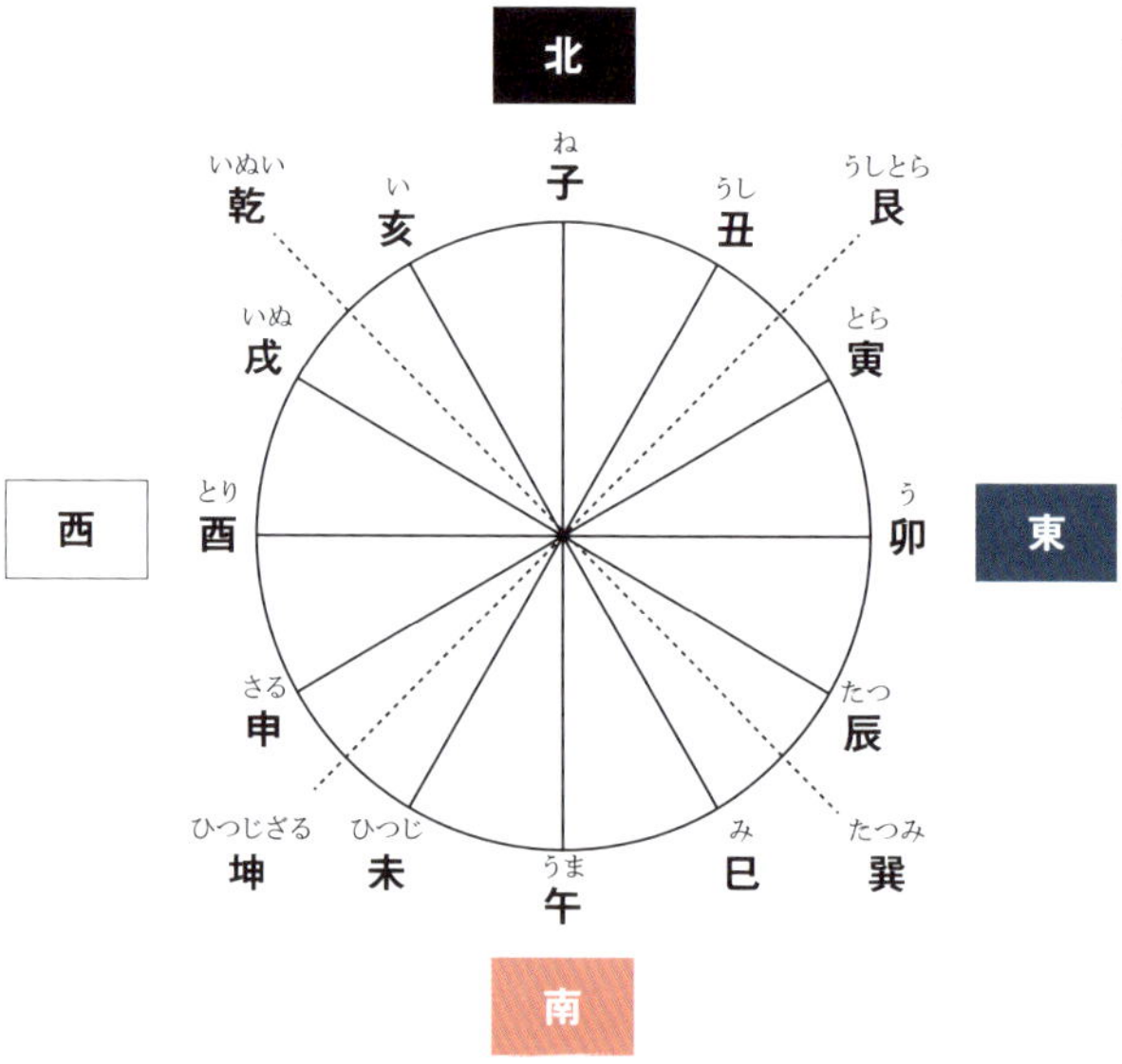

12等分して北から順に十二支を当てた。北東は丑と寅の間で「艮」、南東は辰と巳の間で「巽」、南西は未と申の間で「坤」、北西は戌と亥の間で「乾」と呼ぶ。

子午線

　日本では兵庫県明石市を「子午線のまち」というが、子午線は真北（子）と真南（午）を結んだ線という意味で、その線上にある町であることを意味する。

　つまり子午線は地球上に無数にある。世界の標準時として有名なイギリスのグリニッジ天文台は、東経0度に位置するため、本初子午線と呼ばれている。

甲子園

高校野球でお馴染みの甲子園球場も干支に由来している。球場が完成した1924年は、干支の最初である甲子の年。縁起の良い年にちなんで、付近一帯を甲子園と名づけ、球場名を甲子園球場（当時は甲子園大運動場）にしたのだ。ちなみに、2018年の干支は戊戌《つちのえいぬ》。六十干支の中で35番目にあたる。

庚申

近松門左衛門の名作『心中宵庚申』（P22）で、お千代と半兵衛は庚申《こうしん》の日に心中した。この「庚申《かのえさる》」とは、57番目の干支で、日付を表わしている。

庚申の日には古くからの迷信があった。人間の体内には三尸《さんし》の虫という3匹の虫が宿っていて、宿主が死ぬことを願っている。三尸の虫は、庚申の日にだけ天に昇ることができ、その人の悪事を天帝に告げ口しにいく。すると命が縮められてしまうという迷信だ。そのため、庚申の日は眠らずに、神仏に祈りを捧げたり、夜通し和歌を詠んで宴会をしたりする「庚申待ち」という慣わしがあったという。

地域の人々などで庚申待ちを18回続けると、記念に庚申塔という石塔が建てられるようになった。庚申塔の建立は、江戸時代初期から広く行われたが、明治時代以降は政府による撤去が進められた。しかし現在でも全国各地に残存している。

六十干支早見表

1	甲子	きのえ ね	21	甲申	きのえ さる	41	甲辰	きのえ たつ
2	乙丑	きのと うし	22	乙酉	きのと とり	42	乙巳	きのと み
3	丙寅	ひのえ とら	23	丙戌	ひのえ いぬ	43	丙午	ひのえ うま
4	丁卯	ひのと う	24	丁亥	ひのと い	44	丁未	ひのと ひつじ
5	戊辰	つちのえ たつ	25	戊子	つちのえ ね	45	戊申	つちのえ さる
6	己巳	つちのと み	26	己丑	つちのと うし	46	己酉	つちのと とり
7	庚午	かのえ うま	27	庚寅	かのえ とら	47	庚戌	かのえ いぬ
8	辛未	かのと ひつじ	28	辛卯	かのと う	48	辛亥	かのと い
9	壬申	みずのえ さる	29	壬辰	みずのえ たつ	49	壬子	みずのえ ね
10	癸酉	みずのと とり	30	癸巳	みずのと み	50	癸丑	みずのと うし
11	甲戌	きのえ いぬ	31	甲午	きのえ うま	51	甲寅	きのえ とら
12	乙亥	きのと い	32	乙未	きのと ひつじ	52	乙卯	きのと う
13	丙子	ひのえ ね	33	丙申	ひのえ さる	53	丙辰	ひのえ たつ
14	丁丑	ひのと うし	34	丁酉	ひのと とり	54	丁巳	ひのと み
15	戊寅	つちのえ とら	35	戊戌	つちのえ いぬ	55	戊午	つちのえ うま
16	己卯	つちのと う	36	己亥	つちのと い	56	己未	つちのと ひつじ
17	庚辰	かのえ たつ	37	庚子	かのえ ね	57	庚申	かのえ さる
18	辛巳	かのと み	38	辛丑	かのと うし	58	辛酉	かのと とり
19	壬午	みずのえ うま	39	壬寅	みずのえ とら	59	壬戌	みずのえ いぬ
20	癸未	みずのと ひつじ	40	癸卯	みずのと う	60	癸亥	みずのと い

常識❼ 商人階級

手代はどれくらい偉かった？

商人階級図

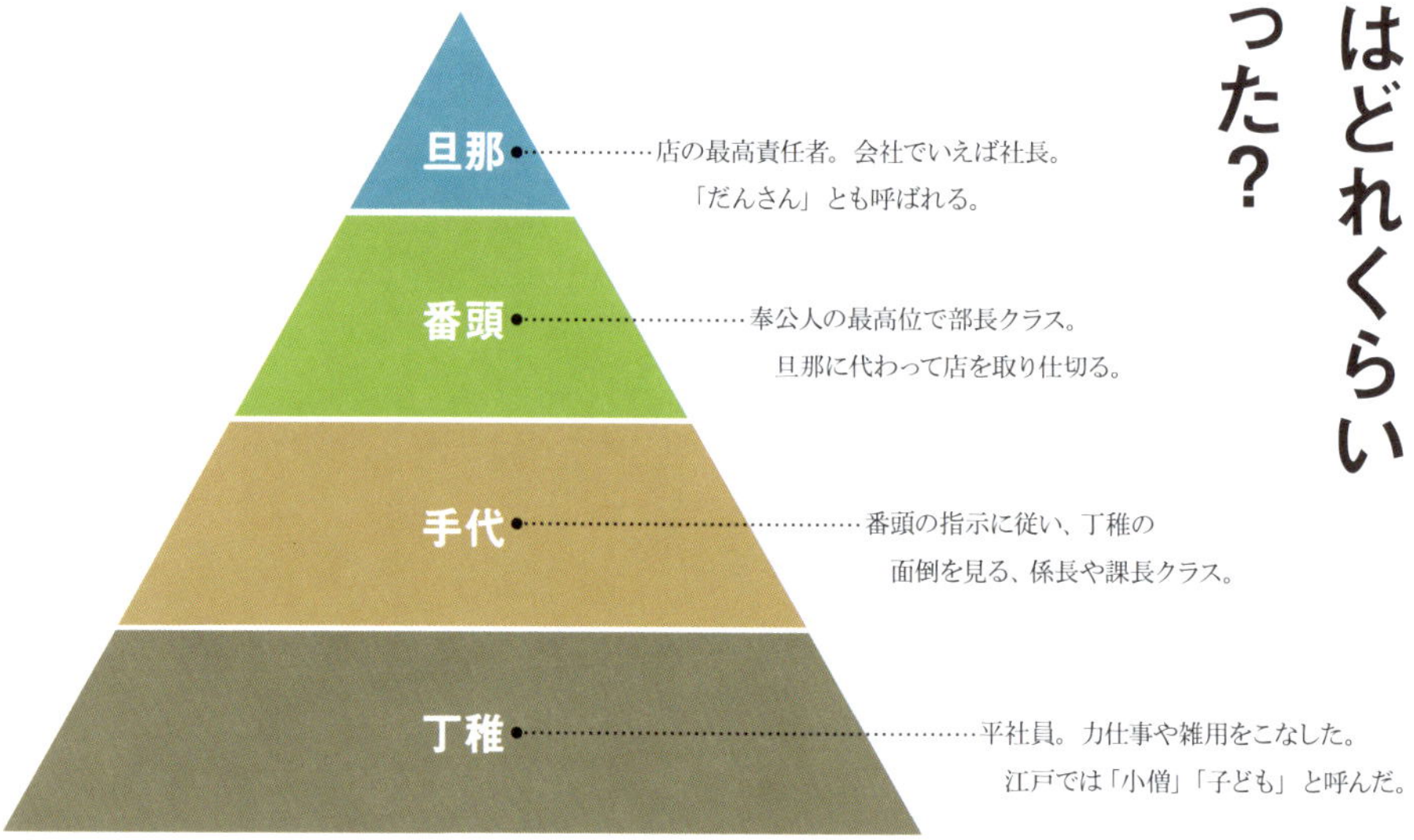
旦那
店の最高責任者。会社でいえば社長。
「だんさん」とも呼ばれる。
番頭
奉公人の最高位で部長クラス。
旦那に代わって店を取り仕切る。
手代
番頭の指示に従い、丁稚の
面倒を見る、係長や課長クラス。
丁稚
平社員。力仕事や雑用をこなした。
江戸では「小僧」「子ども」と呼んだ。

江戸時代の商人階級を会社の役職で表すなら？

世話物には、旦那《だんな》、番頭《ばんとう》、手《て》代《だい》といった肩書きがよく登場する。『曽根崎心中』でお初と心中する徳兵衛は醤油屋の手代だったが、それぞれ商家でどんなポジションだったのか。

商家には、旦那（店の主人）と奉公人の主従関係があった。奉公人は業種や店の規模によって異なるが、一般的に元服《げんぷく》（成人の儀式）前に勤め始め、丁稚《でっち》、手代、番頭の順に昇格していく。

丁稚は力仕事や雑用が主な業務で無給。店の仕事が終わった夜は、読み書きやそろばんを学び、商売の基本を叩きこまれた。そして、元服後に勤務態度や能力を評価されると、一人前の奉公人として手代になる。手代は接客などが主な業務で、番頭の指示に従って仕事をこなし、丁稚の面倒を見た。つまり、現代の会社でいうと、係長や課長のような中間管理職。閉店後は自由時間となり、大人の遊びを覚えるのもこの頃。手代になると、羽織の着用や酒、タバコが許され、給料も支給された。だから、〝遊郭デビュー〟でハメを外してしまうのかもしれない。

奉公人の最高位である番頭は、会社でいえば部長クラスの、出世競争を勝ち抜いたエリート。商品の仕入れから販売を取り仕切り、公私に渡って手代や丁稚の面倒を見た。店によっては、旦那と同等かそれ以上の権限をもつ場合も。普通、奉公人は住み込みで働くが、番頭は所帯を持って自分の家に住むことができた。大きな店では、働きぶりが認められると、のれん分けという形で独立することもできた。

常識❽ 仏像

仏様にもあったヒエラルキー

仏様のヒエラルキー

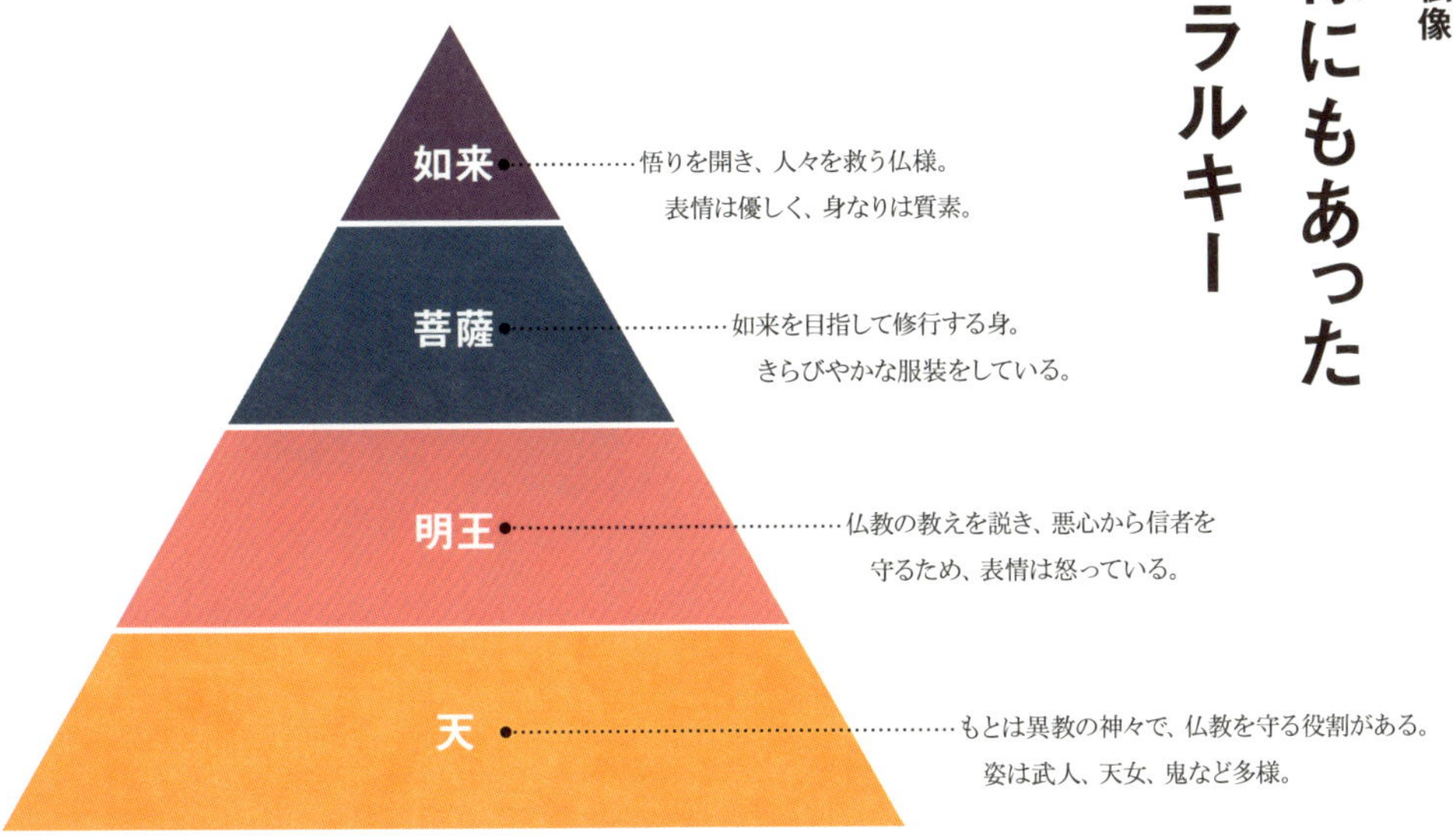
如来
悟りを開き、人々を救う仏様。表情は優しく、身なりは質素。
菩薩
如来を目指して修行する身。きらびやかな服装をしている。
明王
仏教の教えを説き、悪心から信者を守るため、表情は怒っている。
天
もとは異教の神々で、仏教を守る役割がある。姿は武人、天女、鬼など多様。

4つに分類される仏様はバックグラウンドが違う

商人の世界に階級が存在するように、仏にもヒエラルキーがあることをご存じだろうか。

日本の仏教では大きく分けて4つの階級がある。位が一番高いのは、釈迦如来《しゃかにょらい》や阿弥陀如来《あみだにょらい》のように「如来《にょらい》」と名のつく仏様。悟りの境地に達した仏の総称で、人々を救済する。「悟りを開いた者」であると示すため、大仏でもお馴染みのパンチパーマ風のヘアスタイルや大きなこぶなど、凡人とは異なる見た目の特徴を持っている。基本的に、冠や装飾を身に付けず、薄い法衣一枚の質素ないでたち。菩薩《ぼさつ》は、悟りを得るために修行中の身でありながら、人々に救いの手を差し伸べる存在。観音菩薩《かんのんぼさつ》、地蔵菩薩《じぞうぼさつ》、弥勒菩薩《みろくぼさつ》など。如来とは違い、出家前の貴族だった頃の身なりをしており、きらびやかな装身具を身に付けている。

明王《みょうおう》は信者を守る如来の使者。大日如来《だいにちにょらい》が変身した姿ともいわれる。仏の意思に反する者や道を誤った人間を説き伏せ、正しい道へ導く役目がある。そのため、怒りの表情を浮かべている。炎の形をした光背は、煩悩を焼き尽くすためである。

最後に、もともと異教の神々だったのが仏教に帰依し、仏教の守護神になった天《てん》。毘沙門天《びしゃもんてん》、大黒天《だいこくてん》、弁財天《べんざいてん》、帝釈天《たいしゃくてん》などがいる。如来や菩薩、明王が我々の救済を目的にしているのに対して、天は仏教を守るのが役目。甲冑を着た武人、天女、鬼など多様な姿をしている。最も人間に近いことから、安産や商売繁盛など、願掛けをする対象としても信仰された。

文楽が好きになったら 読みたい本・観たい映像

文楽は、小説や映画といったさまざまな作品の題材になっています。人気作家の著書や名作映画、ドキュメンタリーまで、真の文楽ファンを目指すなら必読・必見の8作品をご紹介します。

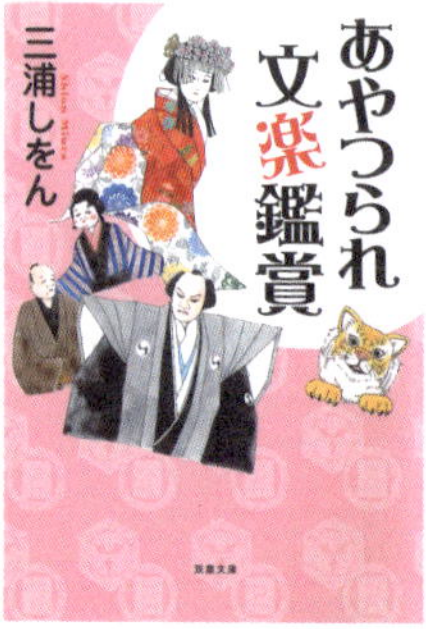

愛がほとばしる文楽入門エッセイ
あやつられ文楽鑑賞
三浦しをん｜双葉文庫

直木賞作家・三浦しをんによる、太夫や三味線、人形遣いへの突撃インタビュー、楽屋探訪、古典名作のストーリー解説など、軽妙な語り口で文楽の魅力に迫るエッセイ。文楽愛にあふれた著者ならではの視点やツッコミのおもしろさに思わず吹き出してしまうはず。文楽は敷居が高いと思っている人にぴったりの入門書。

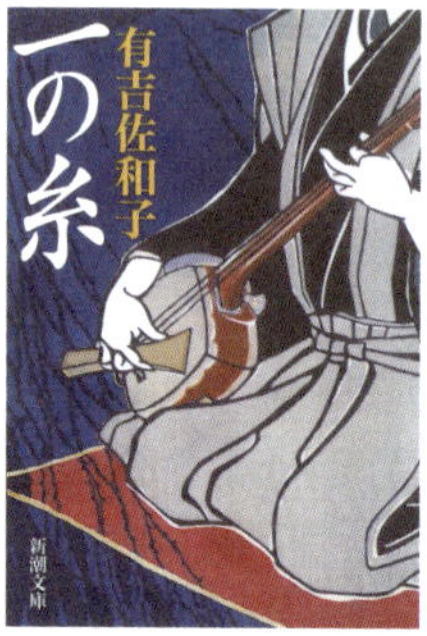

芸事一筋の男を愛した女の一生
一の糸
有吉佐和子｜新潮文庫

裕福な造り酒屋の一人娘・茜《あかね》の波瀾万丈な一代記。17歳の茜は、露沢清太郎《つゆざわせいたろう》が弾く文楽三味線の音色に心を奪われ、恋情を募らせる。20年後、清太郎の後妻となった茜は、9人の継子を育てながら清太郎を支え、戦時から戦後の混乱を生き抜く。太夫の語りと三味線が聴こえてくるような、緊張感ある舞台の描写は圧巻。

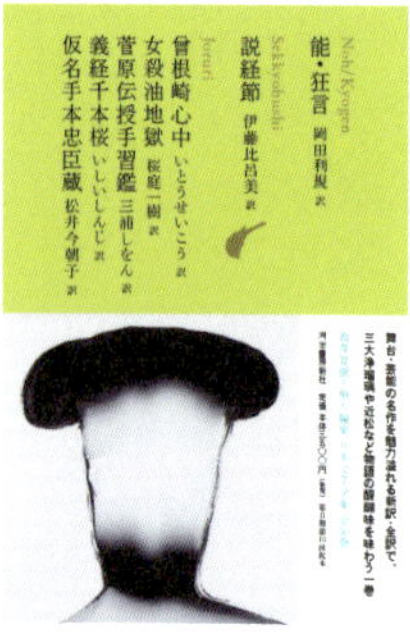

人気作家による名作の新訳
池澤夏樹＝個人編集 日本文学全集10
能・狂言／説経節／曾根崎心中／女殺油地獄／菅原伝授手習鑑／義経千本桜／仮名手本忠臣蔵
岡田利規／伊藤比呂美／いとうせいこう／桜庭一樹／三浦しをん／いしいしんじ／松井今朝子訳｜河出書房新社

能・狂言6篇のほか、近松門左衛門《ちかまつもんざえもん》の世話物や三大浄《じょう》瑠璃《るり》といった名作を人気作家の新訳で収録。作家の個性あふれる語り口の違いが楽しめ、浄瑠璃として聴くのとはまた違った、洗練された言葉の表現や物語としてのおもしろさを改めて発見できる。

芸歴75年、唯一無二の人形遣い
簑助伝
渡邉肇｜diapositive

文楽・人形遣《にんぎょうつか》いの最高峰である吉田簑助《よしだみのすけ》の、舞台や稽古場、楽屋……、あらゆる場所でさまざまな表情を捉えた写真集。弟子でさえ見ることのかなわない、人形を遣う手を撮影した貴重な写真も。「死ぬまで修業をつづけます」と簑助自身が語る言葉から果てない情熱が伝わる。芸の神髄に触れられる一冊。

四季を背景に描く3つの愛の形

Dolls

バンダイビジュアル

近松門左衛門の『冥途の飛脚』をモチーフに、3組の男女の愛を描く北野武監督作。社長令嬢と結婚するため恋人を捨てた男、数十年前の恋人と再会する年老いたヤクザの親分、元トップアイドルとその熱狂的なファン。それぞれの愛を求めてもがく彼らを待ち受けるものとは……。紅葉や桜、色鮮やかな四季の風景も美しい。

後世に残すべき名舞台の映像作品

文楽 冥途の飛脚

キングインターナショナル

カナダの映像作家、マーティ・グロスが近松門左衛門作『冥途《めいど》の飛脚《ひきゃく》』に挑んだ映画作品。京都・太秦《うずまさ》撮影所に作り上げた舞台セットに、出演するのは昭和を代表する名人たち。五世竹本織太夫、五世鶴澤燕三《つるざわえんざ》、初世吉《よし》田玉男《だたまお》など、主要な演者が当時またはのちに人間国宝という豪華さ。類い希な才能の競演を堪能できる。

©2012 NHK

話題をさらった杉本文楽の舞台裏

この世の名残 夜も名残
～杉本博司が挑む「曾根崎心中」オリジナル～

NHKエンタープライズ

現代美術作家の杉本博司が構成・演出・舞台美術を手がけ、2011年に上演された『曾根崎心中』。現在の演目にはない「観音廻り」の場面を復活させるなど、江戸時代の初演を現代に蘇らせる演出が話題になった。その制作過程に半年間密着したドキュメンタリー。現代美術と伝統芸能の出合いを目撃して。

©2016 NHK

近松像が変わる時代劇コメディー

NHK DVD『ちかえもん』

ポニーキャニオン

新作も書けず、妻に逃げられ、母親は毎日小言ばかり……。松尾スズキ演じる近松門左衛門は、スランプまっただなかの中年作家。ある日正体不明の男・万吉《まんきち》と出会い、さまざまな騒動に巻き込まれていく。人間くさい近松のキャラクターはもちろん、劇中で近松が歌う替え歌などユニークな遊び心が随所に。

事前に知っておきたい

劇場のあれこれ

文楽を観る前に知っておきたいのは、作品の見どころだけではありません。劇場の予備知識を持っておけば、文楽をもっと深く楽しむことができます。

大阪・日本橋にある国立文楽劇場は日本で4番目に誕生した国立劇場。2016年、定期公演が行われる大ホールの客席をリニューアル。舞台をより快適に楽しめるようになった。

1 文楽の殿堂 国立文楽劇場

竹本義太夫《たけもとぎだゆう》が開いた竹本座など、江戸時代には多くの芝居小屋が建ち並んだ道頓堀。そこからほど近く、大阪・日本橋に1984年、国立文楽劇場は誕生した。

建築家・黒川紀章《くろかわきしょう》の設計による地下2階・地上5階の劇場で、753席の大ホールと159席の小ホール、資料展示室や食事処を有する。文楽を中心に、舞踊や歌舞伎、落語などが上演されている。

文楽の定期公演が行われるのは1月、4月、7月末～8月初め、11月。6月は文楽入門のための鑑賞教室も開催されている。本公演は、基本的に昼と夜の二部に分かれており、それぞれ休憩を挟んで3～4時間ほど上演される。

鑑賞する際は、劇場内の売店で販売している公演プログラムの購入がおすすめ。演目のあらすじや解説に加え、太夫《たゆう》が語る浄瑠璃の台本である「床本《ゆかほん》」が付く。上演中、舞台上部には字幕が表示されるが、あらかじめプログラムや床本に目を通しておけば、内容や太夫の語りがよく分かる。また、舞台の進行に合わせて見どころや時代背景を詳しく解説してくれるイヤホンガイドの貸し出しもあり。より理解を深められるのでぜひ活用してみて。

国立文楽劇場

［日本橋］map P77
大阪府大阪市中央区日本橋1-12-10
☎ 06-6212-2531（代表）

2 季節の風物詩とともに楽しむ

せっかく劇場へ来たのなら、大阪ならではの楽しみを。実は、年4回の本公演は地元の祭りや絶景を訪れるのにうってつけ。1月公演の時期には今宮戎神社《いまみやえびすじんじゃ》で商売の神様「えべっさん」の十日戎、4月は花見の名所である造幣局で桜の通り抜けが行われる。7月末～8月初めの夏休み特別公演中は日本三大祭の一つ、天神祭《てんじんまつり》が開催。運が良ければ、『夏祭浪花鑑《なつまつりなにわかがみ》』で高津宮《こうづぐう》の祭囃子を聴いた後、劇場近くの高津宮で夏祭りが行われている年も。11月公演では大阪市内で年内最後の「とめの祭」と呼ばれる少彦名神社《すくなひこなじんじゃ》の神農祭《しんのうさい》が。文楽と合わせて堪能してみては。

七月

天神祭

大阪天満宮を中心に毎年7月24～25日に開催。本宮の25日は約3,000人が神輿《みこし》を担ぎ、だんじりを曳いて練り歩き。宵の口からは神輿を乗せた100隻の船団が水上パレード（船渡御《ふなとぎょ》）を行い、4,000～5,000発の花火が打ちあがると賑わいは最高潮に。

一月

十日戎

「えべっさん」こと、商売繁盛の神様であるえびす様を祀る各地の神社で行われる。毎年1月9～11日の3日間で、国立文楽劇場近くの今宮戎神社は延べ100万人の参拝客が訪れる。「商売繁盛で笹持ってこい」の囃子のなか、福娘から笹を受け取って祈願する。

十一月

神農祭

毎年11月22～23日に少彦名神社で行われる、大阪市内で年内最後の祭り。1822年にコレラが流行した際、薬問屋が丸薬を作って張子の虎を神前に供え、疫病封じ祈願したことが始まり。祭りでは厄除けの笹につけた張子の虎が授与される。周辺には多くの露店も。

四月

造幣局の桜の通り抜け

毎年4月中旬、桜の開花に合わせて、大阪市北区天満にある造幣局が旧淀川沿いの全長約560mの通路を花見客のために1週間開放する。通路の両脇には約130種類の桜が咲き誇り、他では見られない珍しい品種も。日が暮れてライトアップされる夜桜も情緒豊か。

3 資料展示室はトリビアの泉

国立文楽劇場に到着して、最初に訪れたいのが1階の資料展示室。展示室は、文楽の歴史や舞台道具の構造などを学べる常設展と、公演中の演目を特集した企画コーナーなどで構成される。展示では太夫の見台、太棹《ふとざお》、三味線、人形の首《かしら》、文楽の小道具などの実物を間近で見ることができる。文楽の公演期間中は「文楽応援団」のボランティアスタッフによる解説を受けられ、実際に三味線や人形に触れられることも。舞台鑑賞では知りえない裏側、思わず「へぇ」と唸るトリビアが満載。まずはここで文楽や演目に関する知識を増やしてから客席へ向かおう。

文楽の人形

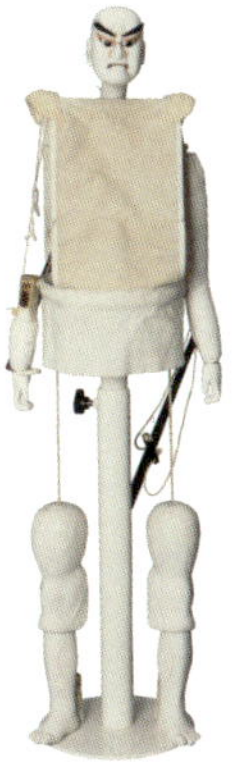

舞台ではまるで魂が宿っているかのような人形。背丈は大きいもので約150㎝。想像以上に大きいことに驚かされる。人形遣《にんぎょうつか》いの手を入れて操るため、胴部分は空洞。首には「胴串《どぐし》」と呼ばれる棒がついていて、手足はそれぞれ肩板と腰輪から紐でぶら下がっている。

文楽の衣裳

人形の衣裳は背中の中央に人形遣いが手を入れる背穴がある。胴は中空なので、単衣《ひとえ》でも薄く綿を入れて形がつくよう工夫されている。衣裳の種類や模様は役柄に合わせるが、必ずしも厳密な時代考証によるものではなく、舞台上で映えることを重要視している。

丸本

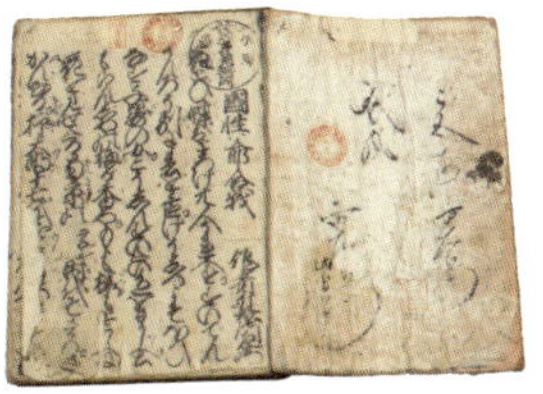

義太夫節を全段丸ごと一冊に綴った本。昔の人形浄瑠璃は一日がかりで上演する長編のため、小さな字で1ページに七行から十二行詰め込まれている。一段一冊の稽古本と区別するため、丸本《まるほん》（院本《まるほん》とも書く）と呼ばれた。現在の床本（1ページ五行）と見比べてみて。

展示風景

国立文楽劇場1階資料展示室

開室時間／10:00〜18:00

入場無料

※展示替え期間・休室日あり。

文楽公演期間中は「文楽応援団」による解説が行われる。

4 織太夫が薦める座席案内

太夫と三味線を間近に聴きたければ、床に近い舞台右寄り。人形遣いの芝居を堪能するなら中央から左寄りなど、目当てによって席も変わる。席を迷う方に、竹本織太夫が推薦する特等席をご紹介したい。前方5列から10列、左右20～28あたりは「太夫と三味線の生音がしっかり届く距離で、人形もきちんと見られる」バランスの良い席だ。もう一つおすすめは、国立文楽劇場のみにある一幕見席。各部のうち一幕を手ごろな料金で観られる。料金は幕により異なるが、500～1500円程度と良心的。旅行ついで、目当ての太夫の舞台だけ、という方にぜひ。

国立文楽劇場 座席表

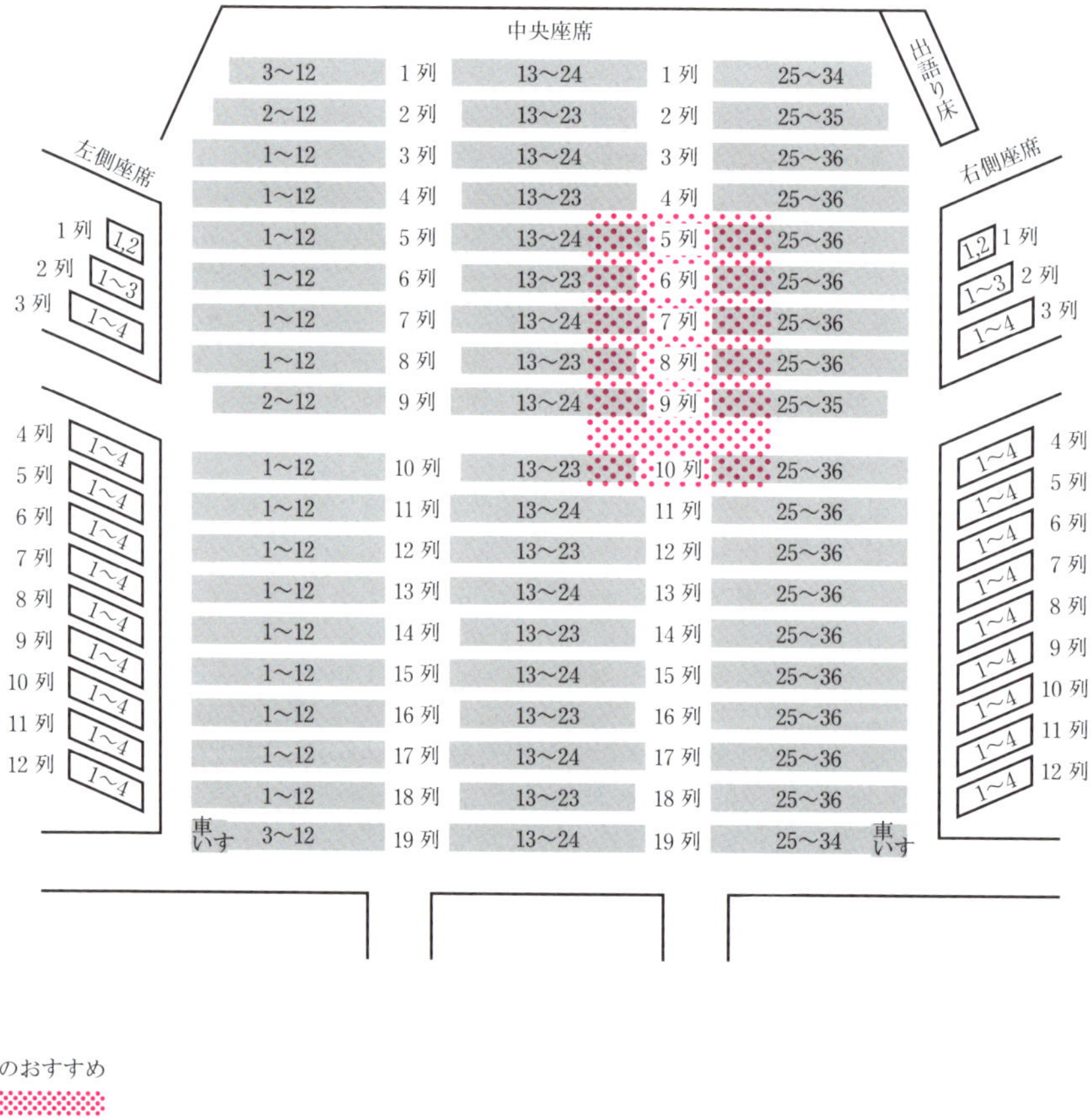

5

東京で観るなら国立劇場へ

1966年に開場した、日本初の国立劇場。皇居・桜田濠《さくらだぼり》を望む校倉造《あぜくらづくり》風の劇場で、歌舞伎や日本舞踊、雅楽など古典芸能の公演が行われる。文楽の本公演は2月、5月、9月、12月に小劇場で上演。12月に開かれる文楽鑑賞教室では、若手の技芸員が太夫、三味線、人形遣いの役割や魅力について分かりやすく解説してくれる。

劇場の裏手には伝統芸能情報館がある。文楽や歌舞伎などにまつわる企画展示が行われ、視聴覚コーナーでは貴重な公演記録や舞台写真を閲覧することも可能。文楽の鑑賞前後に立ち寄ってみては。

国立劇場

[半蔵門]
東京都千代田区隼町4-1
☎ 03-3265-7411(代表)

チケットはどうやって手に入れる？

国立文楽劇場・国立劇場の公演チケットは、劇場窓口で直接購入するほか、共通のチケットセンター（電話・インターネット）で申し込めば、スムーズに入手できる。空席状況の確認や座席指定ができるので、希望の席がある場合は早めに購入することをおすすめする。また、料金や発売日は公演により異なるので、詳細情報は事前にチェックしておこう。

[予約方法]
国立文楽劇場・国立劇場の
チケット予約について
電話予約／
国立劇場チケットセンター ☎ 0570-07-9900
☎ 03-3230-3000(一部IP電話等)
電話予約の受付は10:00～18:00
インターネット予約
http://ticket.ntj.jac.go.jp(PC)
http://ticket.ntj.jac.go.jp/m(Mobile)

主な参考文献

『摂津名所図会』（国立国会図書館所蔵）
『山城少掾聞書』（豊竹山城少掾／和敬書店）
『国立劇場芸能鑑賞講座 文楽』（国立劇場）
『国立文楽劇場所蔵 文楽のかしら』（独立行政法人 日本芸術文化振興会）
『江戸時代の流行と美意識 装いの文化史』（谷田有史・村田孝子／三樹書房）
『日本花街史』（明田鉄男／雄山閣出版）

協力

独立行政法人 日本芸術文化振興会 国立文楽劇場
独立行政法人 日本芸術文化振興会 国立劇場
一般社団法人 人形浄瑠璃文楽座
大阪市立高津小学校
大阪千日前 水掛不動尊 法善寺
大阪府立中之島図書館
ケンショク「食」資料室
国立国会図書館
日本銀行金融研究所貨幣博物館
渕田裕介
山田順子
吉里忠史
早稲田大学演劇博物館

資料提供

P11『享保より売はやり唄』国立国会図書館所蔵
P16『女殺油地獄』国立文楽劇場2014年7月公演
P19『冥途の飛脚』国立文楽劇場2015年1月公演
P22『心中宵庚申』国立文楽劇場2011年8月公演
P36～37、104～105、107 写真提供／国立文楽劇場
P82『法善寺境内 昭和10年図』資料提供／吉里忠史
P109 写真提供／国立劇場
P112 写真提供／国立文楽劇場 写真／滝澤めぐみ

監修者略歴　竹本織太夫（たけもと・おりたゆう）

1975年、大阪・西心斎橋に生まれる。祖父は文楽三味線の二代目鶴澤道八、伯父は鶴澤清治、実弟は鶴澤清馗《せいき》。NHK Eテレの『にほんごであそぼ』にレギュラー出演するなど、文楽の魅力を幅広く発信する。2011年、第28回咲くやこの花賞、2013年、第34回松尾芸能賞新人賞、平成25年度大阪文化祭賞グランプリ受賞。

編　　集　嶋 浩一郎
福山嵩朗
藤森文乃

デザイン　good design company

D T P　ヒノキモトシンゴ

地図製作　株式会社千秋社

校　　閲　本田紘美

文楽のすゝめ

2018年1月20日　初版第1刷発行
2020年7月20日　初版第3刷発行

監　　修　竹本織太夫
発 行 者　岩野裕一
発 行 所　株式会社実業之日本社
〒107-0062
東京都港区南青山5-4-30　CoSTUME NATIONAL Aoyama Complex 2F
電　　話　(編集)03-6809-0473（販売)03-6809-0495
ホームページ　https://www.j-n.co.jp/
印 刷 所　大日本印刷株式会社
製 本 所　大日本印刷株式会社

ISBN 978-4-408-53720-7(編集第二)

これから宜しくお願い申上ます

豊竹咲甫太夫改メ
六代目 竹本織太夫